城市化进程中土地资源配置的效率与平等

The Efficiency and Equality of Land Resource
Allocation in the Process of Urbanization

戴媛媛　著

经济管理出版社
ECONOMY & MANAGEMENT PUBLISHING HOUSE

图书在版编目（CIP）数据

城市化进程中土地资源配置的效率与平等 / 戴媛媛著. —北京：经济管理出版社，2017.12
ISBN 978-7-5096-5373-9

Ⅰ.①城…　Ⅱ.①戴…　Ⅲ.①土地资源—资源配置—研究—中国　Ⅳ.①F323.211

中国版本图书馆 CIP 数据核字（2017）第 238295 号

组稿编辑：宋　娜
责任编辑：王格格
责任印制：司东翔
责任校对：董杉珊

出版发行：经济管理出版社
　　　　　（北京市海淀区北蜂窝 8 号中雅大厦 A 座 11 层　100038）
网　　址：www. E-mp. com. cn
电　　话：(010) 51915602
印　　刷：玉田县昊达印刷有限公司
经　　销：新华书店
开　　本：720mm×1000mm/16
印　　张：11.25
字　　数：190 千字
版　　次：2018 年 1 月第 1 版　　2018 年 1 月第 1 次印刷
书　　号：ISBN 978-7-5096-5373-9
定　　价：78.00 元

第六批《中国社会科学博士后文库》编委会及编辑部成员名单

（一）编委会

主　任：王京清

副主任：马　援　张冠梓　俞家栋　夏文峰

秘书长：邱春雷　姚枝仲　刘连军

成　员（按姓氏笔划排序）：

卜宪群　邓纯东　王建朗　方　勇　史　丹　刘丹青　刘跃进

孙壮志　孙海泉　张车伟　张宇燕　张顺洪　张星星　张　翼

李　平　李永全　李向阳　李　林　李国强　杨世伟　吴白乙

杨　光　陈众议　陈星灿　何德旭　房　宁　郑秉文　卓新平

赵天晓　赵剑英　胡　滨　高　洪　高培勇　黄　平　朝戈金

谢寿光　潘家华　冀祥德　魏后凯

（二）编辑部（按姓氏笔划排序）

主　任：高京斋

副主任：刘丹华　曲建君　李晓琳　陈　颖　薛万里

成　员：王　芳　王　琪　刘　杰　孙大伟　宋　娜　陈　效

苑淑娅　姚冬梅　郝　丽　梅　枚

序 言

博士后制度在我国落地生根已逾30年，已经成为国家人才体系建设中的重要一环。30多年来，博士后制度对推动我国人事人才体制机制改革、促进科技创新和经济社会发展发挥了重要的作用，也培养了一批国家急需的高层次创新型人才。

自1986年1月开始招收第一名博士后研究人员起，截至目前，国家已累计招收14万余名博士后研究人员，已经出站的博士后大多成为各领域的科研骨干和学术带头人。其中，已有50余位博士后当选两院院士；众多博士后入选各类人才计划，其中，国家百千万人才工程年入选率达34.36%，国家杰出青年科学基金入选率平均达21.04%，教育部"长江学者"入选率平均达10%左右。

2015年底，国务院办公厅出台《关于改革完善博士后制度的意见》，要求各地各部门各设站单位按照党中央、国务院决策部署，牢固树立并切实贯彻创新、协调、绿色、开放、共享的发展理念，深入实施创新驱动发展战略和人才优先发展战略，完善体制机制，健全服务体系，推动博士后事业科学发展。这为我国博士后事业的进一步发展指明了方向，也为哲学社会科学领域博士后工作提出了新的研究方向。

习近平总书记在2016年5月17日全国哲学社会科学工作座谈会上发表重要讲话指出：一个国家的发展水平，既取决于自然科学发展水平，也取决于哲学社会科学发展水平。一个没有发达的自然科学的国家不可能走在世界前列，一个没有繁荣的哲学社会科学的国家也不可能走在世界前列。坚持和发展中国特色社会主义，需要不断在实践中和理论上进行探索、用发展着的理论指导发展着的实践。在这个过程中，哲学社会科学具有不可替代的重要地位，哲学社会科学工作者具有不可替代的重要作用。这是党和国家领导人对包括哲学社会科学博士后在内的所有哲学社会科学领域的研究者、工作者提出的殷切希望！

中国社会科学院是中央直属的国家哲学社会科学研究机构，在哲学社会科学博士后工作领域处于领军地位。为充分调动哲学社会科学博士后研究人员科研创新的积极性，展示哲学社会科学领域博士后的优秀成果，提高我国哲学社会科学发展的整体水平，中国社会科学院和全国博士后管理委员会于2012年联合推出了《中国社会科学博士后文库》（以下简称《文库》），每年在全国范围内择优出版博士后成果。经过多年的发展，《文库》已经成为集中、系统、全面反映我国哲学社会科学博士后优秀成果的高端学术平台，学术影响力和社会影响力逐年提高。

下一步，做好哲学社会科学博士后工作，做好《文库》工作，要认真学习领会习近平总书记系列重要讲话精神，自觉肩负起新的时代使命，锐意创新、发奋进取。为此，需做到：

第一，始终坚持马克思主义的指导地位。哲学社会科学研究离不开正确的世界观、方法论的指导。习近平总书记深刻指出：坚持以马克思主义为指导，是当代中国哲学社会科学区别于其他哲学社会科学的根本标志，必须旗帜鲜明加以坚持。马克思主义揭示了事物的本质、内在联系及发展规律，是"伟大的认识工具"，是人们观察世界、分析问题的有力思想武器。马克思主义尽管诞生在一个半多世纪之前，但在当今时代，马克思主义与新的时代实践结合起来，越来越显示出更加强大的生命力。哲学社会科学博士后研究人员应该更加自觉地坚持马克思主义在科研工作中的指导地位，继续推进马克思主义中国化、时代化、大众化，继续发展21世纪马克思主义、当代中国马克思主义。要继续把《文库》建设成为马克思主义中国化最新理论成果宣传、展示、交流的平台，为中国特色社会主义建设提供强有力的理论支撑。

第二，逐步树立智库意识和品牌意识。哲学社会科学肩负着回答时代命题、规划未来道路的使命。当前中央对哲学社会科学愈加重视，尤其是提出要发挥哲学社会科学在治国理政、提高改革决策水平、推进国家治理体系和治理能力现代化中的作用。从2015年开始，中央已启动了国家高端智库的建设，这对哲学社会科学博士后工作提出了更高的针对性要求，也为哲学社会科学博士后研究提供了更为广阔的应用空间。《文库》依托中国社会科学院，面向全国哲学社会科学领域博士后科研流动站、工作站的博士后征集优秀成果，入选出版的著作也代表了哲学社会科学博士后最高的学术研究水平。因此，要善于把中国社会科学院服务党和国家决策的大智库功能与《文库》的小智库功能结合起来，进而以智库意识推动品牌意识建设，最终树立《文库》的智库意识和品牌意识。

第三，积极推动中国特色哲学社会科学学术体系和话语体系建设。改革开放30多年来，我国在经济建设、政治建设、文化建设、社会建设、生态文明建设和党的建设各个领域都取得了举世瞩目的成就，比历史上任何时期都更接近中华民族伟大复兴的目标。但正如习近平总书记所指出的那样：在解读中国实践、构建中国理论上，我们应该最有发言权，但实际上我国哲学社会科学在国际上的声音还比较小，还处于"有理说不出、说了传不开"的境地。这里问题的实质，就是中国特色、中国特质的哲学社会科学学术体系和话语体系的缺失和建设问题。具有中国特色、中国特质的学术体系和话语体系必然是由具有中国特色、中国特质的概念、范畴和学科等组成。这一切不是凭空想象得来的，而是在中国化的马克思主义指导下，在参考我们民族特质、历史智慧的基础上再创造出来的。在这一过程中，积极吸纳儒、释、道、墨、名、法、农、杂、兵等各家学说的精髓，无疑是保持中国特色、中国特质的重要保证。换言之，不能站在历史、文化虚无主义立场搞研究。要通过《文库》积极引导哲学社会科学博士后研究人员：一方面，要积极吸收古今中外各种学术资源，坚持古为今用、洋为中用。另一方面，要以中国自己的实践为研究定位，围绕中国自己的问题，坚持问题导向，努力探索具备中国特色、中国特质的概念、范畴与理论体系，在体现继承性和民族性、体现原创性和时代性、体现系统性和专业性方面，不断加强和深化中国特色学术体系和话语体系建设。

新形势下，我国哲学社会科学地位更加重要、任务更加繁重。衷心希望广大哲学社会科学博士后工作者和博士后们，以《文库》系列著作的出版为契机，以习近平总书记在全国哲学社会科学座谈会上的讲话为根本遵循，将自身的研究工作与时代的需求结合起来，将自身的研究工作与国家和人民的召唤结合起来，以深厚的学识修养赢得尊重，以高尚的人格魅力引领风气，在为祖国、为人民立德立功立言中，在实现中华民族伟大复兴中国梦的征程中，成就自我、实现价值。

是为序。

王京清

中国社会科学院副院长

中国社会科学院博士后管理委员会主任

2016 年 12 月 1 日

摘　要

　　本书以城市化进程中土地资源在城乡之间的配置效率、利益分配问题为核心，探讨农地城市转用的合理边界、农地城市转用的利用效率、农地财产权的实现机制以及农地城市转用对农民的福利影响。基于"产权制度结构影响社会福利"这一理论假设，建立资源配置效率与平等的分析框架，以城乡社会总福利最大化为目标，探索中国城市化、工业化进程中土地资源配置最优化的制度前提，建立对土地资源配置扭曲进行校正的配置机制，针对农地城市转用过程中的市场失灵、政府失灵提出政策建议，是本书的主旨。

　　本书采用定性分析与定量分析、规范研究与实证研究相结合的方法，在对国内外既有的土地资源配置、农地非农化研究成果进行学习和总结的基础上，以福利经济学、制度经济学和政治经济学理论为支撑，从理论层面对我国现有土地制度安排特别是农地城市转用及其利益分配的相关政策进行了分析。本书的实证研究从土地宏观利用效率与微观福利效应两个方面展开，运用计量经济学工具，对有关理论进行了验证。全书共由七章组成。

　　第一章为导论，阐述了选题背景和研究目的，并对国内外相关文献进行梳理和述评，在此基础上确立了本书的研究方法和全书布局，并对可能的创新和不足进行总结。

　　第二、第三、第四章为本书的理论模型推导部分，分析了经济效率与制度效率的联系与区别，以"制度结构—社会福利函数—社会效用函数—制度效率评判"为主线，讨论了现有制度与城市化政策目标之间的匹配问题，以及政策目标与社会整体福利最大化之间的契合问题。研究指出帕累托最优的达成并不是无条件的，若忽视产权界定的初始作用，价格机制、市场化的资源配置方式都将造成事实上的不平等，使政策目标偏离社会最优。在此基础上，本书运用规范分析的方法，提出构建农地城乡配置福利最大化的制度前提需要在三个方面推进制度创新：明晰农地所有者与政府的产权边界、引入征地双方竞价的定价机制、实现土地征用的程序正义。

第五、第六章为实证研究，以统计年鉴数据和农户问卷调查数据为基础，对农地城市转用的土地利用效率、农户对征地制度的福利评价及其影响因素进行计量分析。基于 Logit 模型对农民土地转用福利评价的影响因素进行研究，研究结果表明，征地补偿标准和货币补偿在农户福利感受和满意度评价中并不是最主要的影响因素，征地程序的公正性、农地所有者市场地位平等性对评价结果具有显著影响。对土地利用宏观统计数据的分析结果表明，由于劳动力报酬和土地价格的扭曲，20 世纪 90 年代后期以来劳动力要素和土地要素的投入对城镇非农产业产值增长的贡献超过了资金投入，这一趋势加剧了城乡资源不平衡流动；城市内部存在土地粗放利用现象，存量土地利用潜力巨大。

第七章为研究结论和政策建议，在分析了现行农地城市转用制度所造成的社会效率和平等损失之后，提出了"社会主义市场经济的土地平等观"，以此为原则提出了制度创新的相关建议。

关键词：土地；资源配置；效率；平等

Abstract

In this study, the efficiency of the allocation of resources between urban and rural land in the process of urbanization and the distribution of benefits are the core to explore the reasonable boundary of rural – urban switch, the utilization efficiency of rural –urban switch, the agricultural land property rights mechanisms as well as rural –urban switch of the welfare effects on farmers.

Based on the theoretical assumptions that the institutional structure of property rights affect the social welfare, to establish the analytical framework of efficiency and equality of resource allocation, to maximize the total social welfare of the urban and rural as the goal, to explore the institutional preconditions of optimal allocation of land resources in China's urbanization and industrialization process, to establish the configuration mechanism of the correction to distort the allocation of land resources, to make policy recommendations to the market failure and government failure in the process of rural–urban switch, are the main thrust of the paper.

This paper using qualitative analysis and quantitative analysis, the method of combining normative and empirical research, based on the learning and summarizing the research results of the existing allocation of land resources in the domestic and foreign agricultural conversion, analyzes the existing land system in China, especially rural –urban switch and the distribution of benefits policy from the theoretical level by Welfare economics, Institutional Economics and political economy theory as the support.

The paper discusses the matching problem between the existing system and urbanization policy goals and the fit problem between policy objiectives and overall social welfare maximization, raises the institutional prconditons of welfare maximization of urban and rural areas of agricultral land configuration on basis of the use of normative analysis.

An empirical study of the paper starts from two aspects of the macro land use efficiency and micro—welfare effects and validates the theory. Empirical research based on the objective data of statistics and the survey data of farmers questionnaire, quantitatively analyzes rural—urban switch land use efficiency, the welfare evaluation of farmers on the land requisition system and its influencing factors.

The full text consists of seven chapters.

The first chapter is an introduction on the research background and research purposes, and establishes research methods and full layout of the paper on the basis of sorting out and reviewing related literature and summarizes innovation and inadequate.

The second, third, fourth chapters are the theoretical model derivation part to analyze the relations and differences between economic efficiency and system efficiency and discuss the match between the policy objectives of the existing system and urbanization, as well as the fit between policy objectives and the overall social welfare maximization problem with the main line of the structure of the system—the social welfare function —social utility function –system efficiency evaluation.The study points out that the achievement of Pareto optimality is not unconditional, ignoring the role of property rights as defined in the initial, the price mechanism and market— oriented mode of resource allocation will result in de facto inequality, deviate from the socially optimal policy objectives. On this basis, the paper uses the method of normative analysis, pointing out that building premise of the system of maximizing the welfare of urban and rural areas of agricultural land to configure requires innovation in three areas: Clearing the boundary of agricultural land property rights of owners and the government, the introduction of the two sides bid pricing mechanism of land acquisition and procedural justice of land acquisition.

The fifth, sixth chapters are empirical research, based on the Statistical Yearbook data and the survey data from farmers, quantitatively analyzing the land use efficiency of the rural −urban switch, the evaluation of the welfare of the farmers on the land requisition system and its influencing factors. Based on the logit model research of the impact factors of the welfare evaluation on farmers' land switch, results shows that the land compensation standards and monetary compensation are not the most important affecting factors in feelings and satisfaction evaluation of the welfare of the farmers, but the fairness of the land acquisition program, the equality of market position of agricultural land owner has a significant impact on the evaluation results. Analysis results based on the macro−statistical data on land use show that, due to distortions in labor compensation and land prices, since the late 1990s the labor factor inputs and land elements of urban contributed more to non −agricultural industries to output growth than the capital investment, and this trend exacerbated the unbalanced flow of urban and rural resources; cities existed within the land−extensive use phenomenon and the stock of land with huge potential.

The seventh chapter of the research are the findings and policy recommendations in the analysis of social efficiency and equity in losses of the current rural −urban transfer system, forming the " socialist market economy equality concept of the land" and the relevant recommendations of institutional innovation with this principle.

Key Words: Land; Allocation of resources; Efficiency; Equality

目　录

Content

第一章　导论

第一节　选题背景与研究目的

20世纪90年代以来，随着改革开放进程的深入和社会经济发展，全国特别是沿海地区进入城市化快速扩张阶段，城镇化率由1978年的17.92%上升至2009年的46.59%，年均提高近1个百分点[①]。土地资源配置在城镇化进程中扮演着极其重要的角色，基础设施建设、产业、人口等要素的集聚，都要通过土地配置来提供这一基本承载要素。土地利用的实质是通过劳动力、资本等生产要素与土地的结合获得物质产品和服务的经济过程，其他要素必须与土地结合才能进入生产过程，因此，土地利用本身就是一个经济概念。土地作为一种不可再生的基础性稀缺资源，其总量、利用效率以及在各产业部门间的配置结构对于一个国家或地区的经济增长和可持续发展具有决定性作用。

城市化是指在经济社会发展过程中，人类社会由传统的农业社会向现代城市社会发展的自然历史过程。在这一过程中，随着人们生活方式的转变，社会结构随之不断变化。具体表现为：经济结构由以农业为主向第二、第三产业比例不断上升的转变；人口由农村向城市不断集中、城市人口比例不断上升的转变；产业结构、人口结构的变化又会导致社会的消费需求结构、要素配置结构发生转变。城市化的发展必然带来工业用地、城镇用地的增长，带来土地利用结构的转变。城市化过程对土地需求的增加主要来自以下三个方面：城市规模的扩大将把一部分农村土地变成城市土地；工业化的发展需

---

① 根据各年《中国统计年鉴》计算。

要一部分农村土地变成工业用地；经济的快速发展也意味着经济活动量的增加，因此交通、运输等建设需要大量土地，同时随着人们收入水平的提高，对住房、休闲设施等的要求也逐渐提高，居住、休闲设施的建设将占用大量土地（林毅夫，2004）。

土地资源的配置和利用是一项复杂的系统工程，与人口、资源、产业结构及消费结构等社会经济基本要素相关，也与社会经济制度与政策以及技术水平相关。在一定的产业结构下，各生产部门需要一定数量和质量的土地生产要素，土地资源依照社会经济制度和政策规定的资源配置方式按照一定规则分配给各生产部门，这种具有不同规模、占有不同位置的土地资源利用系统就形成了具有一定结构特征的土地资源配置方式。某一土地资源配置结构的最大效率取决于一定的土地利用技术条件和制度环境。

我国自 20 世纪 90 年代以来进入城市化快速发展时期，与这一过程同步发生的农业剩余劳动力转移引起社会消费结构的变化，进而引起产业结构、产业布局的变化，而产业结构及各生产部门技术和资源组合的变化又必将引起土地资源在产业间的重新分配，使土地利用结构发生变化。城市化进程的推进必然带来第二、第三产业的发展，第二、第三产业主要以建设用地为载体。城镇化所需的土地资源发展空间主要来自以下两种途径：一是农地非农化，二是提高原有城镇存量土地开发利用强度。我国近年来不断加强已开发土地的内部挖掘力度，但解决城镇化发展的土地需求还是以农地非农化为主，其中耕地占有很大的比例。土地资源的稀缺性来自其特殊属性：数量上的不可再生性、位置的固定性以及土地利用报酬的递减性。随着人口和物质需求的增长，这种稀缺性日益突出，土地供求矛盾日益增大。同时，土地资源在使用上具有一定程度的多宜性，土地在各种用途间的配置存在竞争性，在土地经济供给有限的情况下，土地资源在不同生产部门的配置会在竞争中取得动态平衡，从而体现一定的配置结构，均衡的改变意味着结构的改变。因此，土地资源在不同生产部门间的优化配置是土地经济和土地规划所要考虑的首要问题，土地资源的供求与配置是人地关系的表现。土地生产要素的资产特性，使其配置结构不仅取决于自然条件，也涉及社会经济制度及政策规定。效率和公平是任何社会追求的主要目标，公共政策追求的是社会整体的福利最大化，而不是 GDP 总量最大化。

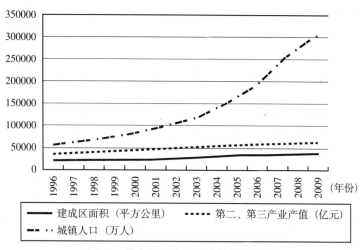

图 1-1 社会经济发展与土地利用需求

资料来源：1997~2010 年《中国统计年鉴》《中国城市统计年鉴》。

不同经济发展阶段对土地资源配置会提出不同的要求，二者在很大程度上需要相互匹配。从我国 1996~2009 年的经济社会发展指标与同时期的土地利用数据来看，经济发展与土地利用之间存在密不可分的关联：第二、第三产业增加值，城镇人口总数与城镇建成区面积呈现正相关性。从图 1-1 可以看出，我国城镇人口增长拉动了城镇建设用地面积的增长，劳动力和土地要素的投入使得城镇第二、第三产业获得大幅增长。1996~2009 年，城镇建设用地面积随城镇人口的增长而增加，城镇人口的增长速度略快于城镇用地的增长速度。

2010 年底，我国城市化率达到 49.68%[①]，但与世界水平特别是发达国家相比，程度依然很低，如 1996 年世界城镇化平均水平已经达到 45.5%，日本在 1990 年就达到 77.4%。据预测，2020 年我国城镇化水平将达到 55%~58%[②]，大量农业人口向非农业人口的转变导致城镇人口增加的同时，将带动居住、交通、服务设施等用地的需求量上升，城市建设用地需求量将继续保持增长的势头。

统计资料显示，1978~2009 年，年均建设占用耕地面积达 20 万公顷，自

①② 汝信、陆学艺、李培林：《社会蓝皮书：2012 年中国社会形势分析与预测》，社会科学文献出版社 2011 年版，第 13 页。

2000 年以来呈现出迅速增长态势①。2010 年，全国批准建设用地 48.45 万公顷，其中转为建设用地的农用地 33.77 万公顷，耕地 21.19 公顷②。改革开放以来，我国经济取得持续高速增长，特别是近 20 年来，年均 GDP 保持了 10%以上的增长率，与土地城市转用的增长趋势基本一致，这表明土地作为重要投入要素为我国经济增长提供了强大动力，有力地支撑了城镇化和工业化进程。与此同时，农地城市流转也带来了一系列社会问题：快速城市化导致耕地资源减少，特别是优良耕地资源大量消失，对生态环境、粮食安全的资源基础造成负面影响；地方政府间无序竞争、低价卖地，导致土地资源利用效率低下；"增减挂钩""耕地总量平衡"等政策鼓励地方政府进行土地储备，造成城乡边际土地的过度开发，进一步加剧了资源生态压力；农地城市转用的过程也是农民失地的过程，由于农地产权不清晰、征地制度不公正，农民土地权益受到侵害，土地征用过程中引发的矛盾增加了社会的不稳定性。土地作为经济活动的基础性资源，作为具有财产属性的生产要素，其配置和相关制度安排也将对社会公正、福利有重大影响。

资源配置有多重社会目标，在一个国家内部，这些目标有时也是不一致的，对这些目标的重要性评价、达成目标的方法通常不会达成一致意见。任何形式的资源利用在某一社会目标如经济效率达成的同时，将不可避免地带来诸如资源退化、环境污染等社会福利损失，资源配置机制将决定社会中的哪些团体必须承担这种损失。要避免这种福利损失，也不是无须代价的过程。谁得到利益？谁承担损失和成本？这些选择不可避免地带有价值判断的成分。本书关注土地资源配置所创造的财富和福利在城、乡之间的分配以及资源利用成本的分担。根据资源对人类福利的贡献来评价各种资源管理体制表现的努力，都不得不面临一个问题，即对福利还没有度量办法。因此，即使设想公共政策确实与福利有关，仍然不存在单一的资源政策目标③。

农村土地的城市转用是工业化、城市化过程的必然要求，土地作为基础性的生产投入要素，随着产业的兴起、人口的转移而流入城市部门。城镇化过程中土地资源配置的实质是对原来附着在土地上的收益、福利等利益关系的重新调整，是社会制度、自然和经济条件等多种因素制约的复杂过程。土

---

① 根据各年《中国统计年鉴》计算。
② 中华人民共和国国土资源部：《2010 中国国土资源公报》，2011 年 8 月。
③ 朱迪·丽丝：《自然资源：分配、经济学与政策》，蔡运龙译，商务印书馆 2002 年版，第 15 页。

地是人类生产发展的重要生产要素，在城市化进程中，土地在农业和非农业之间的配置结构和效率将直接决定一个国家或地区的经济可持续发展。土地资源的配置方式可分为市场机制和非市场机制两个类别。依照经济学的资源配置有效性标准，当不降低任何一人的效用水平就不能使其他人效用水平上升时，即达到了资源配置的最优状态。我国实行城市土地国家所有、农村土地集体所有的社会主义土地制度。因此，现阶段农用土地城市化的合法途径基本仅限于国家强制征用一种方式，即按照现有标准给予农民一定数量的补偿（通过货币、非货币形式），将集体所有土地转变为城市建设用地。但我国农地所具有的公共属性、土地利用的外部性决定了不能简单地用帕累托准则判定土地资源配置的效率与平等程度。

在城市化发展进程中，一方面，由于土地制度及土地资源配置方式的缺陷，规划管制不到位、产业同构、重复建设、乱征乱占、出让土地时竞相压低价格的无序竞争造成土地价格扭曲、粗放利用，更严重的结果将会是因土地配置结构失衡而导致土地资产流失和经济结构的失衡。另一方面，由于征地制度的不健全，征用集体土地补偿价格过低，地方政府存在滥用征地权、剥夺农民利益的现象，征地矛盾成为社会不稳定因素。

我国城镇化过程中土地资源配置的核心问题在于我国农村土地产权的特殊性质——集体所有制。讨论城镇化过程中土地的效率、平等问题要在"共有产权"的前提下展开。目前的农村家庭承包经营制度已经不是完全的"共有产权"，同时也不是完全的私人产权，这种情形增加了理论分析的复杂性。经济效率标准在处理公共行动时的优势和弱点都很明显，单纯依靠市场机制对公共物品或准公共物品做出决策，难以避免机会主义行为，且会导致土地要素供给与均衡数量和价格的偏差，即土地资源配置的非效率。名义上的"共有"和实际决策中的政府主导，是各种土地问题产生的根源。

但理论上说，城市化的推进应有利于集约高效利用土地，甚至扩大有效耕地面积，发达国家（如日本）的经验也证明了这一点。城市化的推进有利于通过挖掘建设用地内部潜力，实现粗放用地向集约用地的转变。一方面，城市人口密度高于农村，城市人均用地比农村人均用地少，土地利用集约度高，城市规模越大，中心功能越强，人均用地也越少。另一方面，随着城市吸纳人口能力的增强，将有更多的农村剩余劳动力转向城镇，农村将出现更多的闲置宅基地和非农用地，通过复耕也可增加耕地数量。因此，科学合理的城市化土地配置方式不仅能够满足工业化、城市化的用地需求，也能够兼顾各方利益，达到社会福利最大化，同时还能够在防止耕地过度占用和土地集约利用等方面起到显著作用。

基于上述问题，本书主要运用土地经济理论和计量工具，探讨我国农地转用市场的价格形成机制及影响因素，通过对城市化进程中农地转用所涉及的市场主体（农地需求方—地方政府、农地供给方—农户）的行为特征分析，从社会总成本与社会总收益角度界定市场效率，采用问卷形式调查农户土地评价，研究农地征用中价格扭曲及其福利损失，进一步讨论城市化进程中土地要素配置的效率与平等问题，也就是农地资源在城乡之间的优化配置和这一过程中不同利益群体的利益关系问题，这一问题的解决取决于农地产权结构的制度效率和农地城市转用的宏观管理体制。公共选择经济学为讨论此类问题提供了由纯市场逻辑向政治过程拓展的空间，本书也将试图从公共选择理论的基本假设出发，寻求依靠广泛的社会机制和非价格机制化解城镇化进程中效率与平等困局的路径。

城市化、工业化是经济发展的必然趋势，也是我国实现城乡一体化发展目标的必然途径，而农地城市转用是满足城市化扩张土地需求的唯一合法途径，如何通过制度创新调整农村土地、农民参与城市化利益分配关系，是打破目前制度困局的关键问题。城镇化过程中应遵循怎样的土地决策机制才能既有效率又不失公平？农地城市转用的合理边界在何处？怎样的农地征用补偿机制能够准确传递土地价值？以上问题的考察对于土地资源的优化配置和高效利用、城镇化过程中农民福利的改善以及建立公正的土地收益分配机制都具有重要意义。因此，基于效率和公平两大目标的农地资源城乡配置和利益分配机制是城市化进程中公共政策的关键。

第二节　国内外研究综述

发达国家的早期研究认为，工业化、城市化发展进程和非农土地利用之间存在紧密的关系（Heilig，1994，1997；Smil，1999）。在不考虑土地利用的外部性、由市场机制调节农地非农化过程的前提下，对发达国家农地非农化的研究表明，推动这一进程的因素主要有以下三个：一是随着战后世界经济的复苏，现代工业产业得到了长足的发展，这一因素直接推动了城市边缘的不断扩张和蔓延，也就是"城郊化"（或反城市化），与此同时，农业领域的技术水平也在不断进步，在土地利用上出现集约化趋势，这一变化为农地非农化创造了前提条件（Raup，1957）；二是农业生产的平均利润率在市场化竞争中逐渐降低，从事农业生产的比较利益不断下降，农地数量的维持失去了内在动力；三是由于缺乏农业劳动力、生产资料、基础设施和技术支持，农民对经营农业逐渐失去兴趣或者因经营困难而退出农业产业（张宏斌和贾生华，2001）。

国内对农地非农化的研究是在国际地圈生物圈计划和全球环境变化中的人文领域计划于 1995 年提出以后才真正开始的（胡伟艳，2009）。查阅文献表明，我国明确提出"农地非农化"概念源自 20 世纪 90 年代初对农业与非农业发展用地矛盾的研究（杨国良和彭鹏，1996）。农业生产率的提高是农地非农化的前提条件，农业技术进步使土地集约度降低，土地相对数量增加，劳动力从农业中脱离出来，同时增加了农业剩余。近年来，随着农业技术进步和农业生产率的进一步提高，农业增产对土地需求的依赖降低，"农地非农化"的研究方向也转向非农土地利用效率、农地非农化与经济增长的关系、农地非农化的动力与机制等。

一、农地非农化来自体制的动力

我国农地非农化驱动因素一方面体现了与西方国家在经济规律上的一致性：较低的农业比较利益是耕地非农化最根本的原因；农业利用的低经济效益和城市土地资产的价格高涨，产生对农地非农化的推拉作用，刺激着农地的非农化（王朝华，2012）。另一方面我国土地制度实行城市土地国家所有和农村土地集体所有，农地非农化主要通过国家征用进行，这造成了我国农地非农化的驱动因素具有与西方国家不同的体制、制度驱动的特征。

国内外已有文献较为一致的观点认为，在中国，来自财政收入、政治升迁和投资竞争的激励推动地方政府追求短期经济效益，这种行为冲动催生了地方政府在农地非农化过程中的一系列行为（Qian，2005，2006；Brehm and Opper，2007；陶然，2007）。始于 1994 年的中央和地方政府分税制改革使地方政府面临财权与事权不匹配的财政困境，这一制度对地方政府发展地方经济、扩大地方财政自主权有巨大的"驱动效应"，在中国式的财政分权体制（纵向竞争）和地方竞争体制（横向竞争）双重激励下，地方政府选择以土地财政弥补预算不足（周飞舟，2006；吴群和李永乐，2010）。以行政方式拿地，以市场方式出让，在目前的农地非农化收益分配体制下，地方政府是这部分土地增值收益的主要获利者。地方政府获取土地增值收益的手段主要是征收税费，刘守英和蒋省三（2005）的研究指出了地方政府推动农地非农化的动力之一——弥补财政收入，即预算内依靠工商产业发展带来的税收，预算外依靠土地出让获取土地增值收入。地方政府在面临"上收财权，下放事权"的财政困境情况下，过度依赖于预算外收入，对于土地一级市场的合法垄断地位，又进一步强化了地方政府在土地转让过程中所形成的收入依赖（中国土地政策改革课题组，2006）。地方政府在任期内的主要目的是促进经济发展、增强地方财力和提高就业率等，受此影响的地方政府必然将资源配置给投入—产出效率最高的产业和地区。因此，如果坚持以经济效益为标准进行土地决策，其必然结果就是农地资源不断被转用至比较收益更高的区域和部门中去。对土地资源的强制性垄断地位以及由此带来的土地出让收入使得地方政府具有推动大规模农地城市转用的动力。在这种激励机制下，如果缺乏有效的监管和约束机制，地方政府存在运用行政权力扭曲土地市场价格的可能性，会短视地快速消耗农地资源，发挥其资本积累功能，而无视农地城市转用所带来的社会成本，从而加速农地城市转用的规模。曹广忠等（2007）指出，地方政府为追求政绩和财政收入，以土地优惠政策进行投资竞争，从而推动了地方经济的过度工业化与房地产化，这一研究结果解释了我国自20世纪90年代以来预算内税收超GDP增长之谜。在财政分权体制之下，地方政府间无序的竞争行为和以GDP为导向的功利性政绩观对于推动我国农地非农化的大规模进程起到了重要作用（曲福田等，2004；贾生华和张宏斌，2002；蔡运龙，2001；张安录和杨刚桥，1998）。吴次芳和杨志荣（2008）引入农地非农化的非经济驱动因素变量，运用面板数据对我国经济发达地区农地非农化因素进行的比较研究表明，经济发达地区农地非农化进程主要表现为制度驱动型。而现行土地制度缺乏对政府行为的制约，导致地方政府在获取制度收益的驱动下人为地加快了农地非农化进程。在完全市场竞争前提下，在不考虑农地非农化的外部性情况下，农地价格反映非农化的边际经济收益，而农地作为一种特殊的商品和不可替代的自然资源，除了生产性价值之外还具有生态价值和社会价值，在我国，农地还具有一定的社会保障价值，因此农地非农化过程具有显著的外部性特征。国外学者提出开敞空间（Open Space）概念用于包含土地利用中所涵盖的所有社会价值功能，并指出开敞空间为社会提供了无法用价格计量的公共产品，但土地所有者承担了土地使用和维护开敞空间的所有成本，社会公众几乎坐享其成，这种土地所有者和社会对土地收益不公平的分享会导致土地使用的过速转换：当出现土地非农使用开发的私人经济收益远远超过开敞空间现时利用的状态的经济诱惑时，必然导致土地的最终开发，其结果是开敞空间的减少和整个社会收益流的降低 (Gardner，1977；Veseth，1979)，即陷入个人利益最大化行为导致非社会利益最大化的"囚徒困境"，市场失灵造成农地非农化中的价值（福利）损失（许恒周和郭玉燕，2010）。

私人边际收益与社会收益的不等，造成农地非农化过程中的福利损失，农地非农化配置中市场失灵问题的存在客观上要求政府的干预。但政府的介入也会造成新的问题，如美国通过购买土地发展权、实行税收优惠政策来限制土地过度开发，虽然达到了农地保护的目的，但政府公共财政负担因此增加 (Buekland，1987；Bengston et al.，2004)；同时土地规划的分区制会导致"暴损"和"暴利"的财富再分配效应 (Hagman and Misczynski，1978)。我国正处于工业化、城市化高速发展时期，存在着土地非农化的巨大压力。我国现行的土地"征用—转让"制度导致了地方政府激励一定程度的扭曲，地方政府出于自身利益最大化的倾向，过分挤压开敞空间，推动了农地过度非农化。在法律机制不健全的市场经济中进行政府干预，往往由于政府追求自身利益而加剧土地市场价格的扭曲，反而对农地城市转用的有效配置起到反作用。因此，农地非农化配置的关键是市场和政府"看得见的"和"看不见的"两只手的边界问题，最终的目标是在提高土地利用效率的同时，通过土地增值收益的共享来增进社会总体福利水平。

此外，中央政府和地方政府在农地非农化过程中动力和目的的差异也容易造成土地管理政策实施中的偏差。中央政府在农地非农化中不仅考虑农地非农化的经济效用，还考虑农地的粮食安全、生态保护、社会稳定等功能。地方政府则受前述因素的利益驱使，有推动农地过度非农化的动力。当前地方政府之所以成为主要的土地违法者，一方面是因为中央政府对地方政府违法行为查处力度较低；另一方面是因为地方政府从违法农地非农化行为中所获得的收益太大，同时现行农地非农化政策的缺陷又给地方政府违法提供了便利，使得地方政府违法的冲动很容易成为现实（张飞、曲福田和孔伟，2009）。

二、农地非农化中的效率与平等

效率与公平是政策评价的核心问题，制度变迁的过程可以看作一个追求公平与效率的动态过程。制度设计以一定的价值取向为基础，一种制度安排体现或界定了一种财富分配的公平状态，任何社会的效率观都有与之对应的特定公平观。一般来说，将效率与公平看作一对相互矛盾、非此即彼的博弈抉择。

我国的农村土地制度正是通过不断调整公平和效率的关系在进行着改革，邓大才（2001）从产权经济学的角度将中国土地产权制度变迁过程看作效率和公平的博弈过程，以产权和公平的侧重点不同划分土地制度变迁的各个阶段。我国的农村土地制度是沿着产权分割、权利分解的路径进行的（云淑萍，2007）。对家庭承包制这一制度安排的评价，学者分别从所有权、产权以及要素生产效率的角度分析有不同看法，有的认为既能实现公平又能实现效率，有的则认为有损效率也并不公平。基于中国农村土地所特有的社会保障功能，现行农村土地制度是按照"公平优先，兼顾效率"原则设计的（韩洪今，2004），由于土地承担着农民自我保障功能，因此这种按份共有的土地均分方式在法理上具有实现公平目标的合理性。夏支平和胡海容（2008）从土地既是资本品也是保障品的性质出发，认为土地改革的公平选择是必需的价值选择。但黄少安和刘明宇（2008）从法学角度的研究指出土地均分承包以产权不清晰为前提，是一种具有不确定性的土地权利，虽然保证了起点相对公平但不能适应动态变化，是承包制不能实现效率的原因。农村土地一旦承担保障功能，土地流转就陷入了两难困境。土地的规模经营需要农地的适度集中，但是土地的流转又会使农民失去保障（至少在流转期内）。农业生产虽不存在规模效益（陈欣欣、史清华和蒋伟峰，2000），但规模经营对农民劳动生产率的提高和收入增长有重大影响（党国英，2005）。相关定量研究验证了土地承包权不稳定预期对农民投资意愿的负面影响（黄璐，2009），降低了土地要素的生产效率，使农业生产效率损失。家庭承包制的改革使农民起点公平，追求效率势必要改革（秦晖，1998）。土地制度改革不仅影响资源配置，而且将对利益格局重新调整。学者运用城市用地扩展系数的研究也指出城市用地扩张出现了非效率趋势（李江风和张丽琴，2008）。农地的产权强度越高，作为生产要素，它被合理配置的可能性越大。土地资源的合理配置包括农业生产的专业化分工的深化，也包括土地的边际报酬与土地的边际收益之间均衡关系的存在，这两方面的效果都可以提高土地的利用效率，从而产生增加农民收入的效果（党国英，2005）。现有制度不仅影响农业生产效率的实现，也会对城镇化过程中的土地资源配置产生负面影响。

郑晓俐和乐晶（2009）的研究探讨了农民在失地前、失地中和失地后几个不同阶段的权益受损状况，包括失地前的知情权、参与权、申诉权受损；失地中的财产权、增值收益权受损；失地后的生存权、发展权受损。效率的实现取决于人的积极性与资源的合理配置，而资源配置的公平性直接影响人的积极性。公平的资源分配分为两种情况：一种是基于生存的公平资源配置，即资源的平均分配。这是一种实现了绝对公平但并不合理的资源配置模式，此时实现的只是一种低水平的公平与效率，这种分配方式的着眼点局限于经济生活中的人本身，是在特定生产力发展水平下不得已的选择。另一种是从发展的观点出发，追求资源配置的公平性与合理性的共同实现，即"在不损害其他任何人利益的前提下，至少还可以使一个人的处境得到进一步改善，使社会净收益增加"，也就是福利经济理论的帕累托改进标准（卢现祥，2003）。云淑萍（2007）认为土地平均分配是一种基于生存的资源分配，是低水平的公平，而基于发展的资源分配是高水平的公平，由低水平向高水平的转变存在帕累托改进空间。西方经济学以分配结果的平均程度来衡量公平的程度，已有文献对公平的讨论大多是从结果公平角度做出的定性判断。效率不仅应包括农地非农化后效率的提升，也应包括农业内部效率的提升。建立在一致同意基础上的交易必定对所有市场参与者来说都是帕累托改进，这种帕累托改进是一种高水准的实现公平与效率的资源配置。

三、征地补偿的定价问题

农地非农化过程中利益分配冲突的核心是补偿标准问题。有学者认为，城镇化过程中土地利用的低效率正是由于政府垄断土地一级市场，政府的过度干预导致了要素价格扭曲。土地利用过程中政府的强制性是不可避免的，那么在这种强制征用下应当遵循怎样的补偿标准就成为了问题的焦点。学界对于现有土地征用补偿制度改革的共识是提高补偿标准，在提高的幅度问题上大体有两种观点：一种是"产权学派"的观点，有学者明确提出实行土地私有化，通过赋予农民交易权提高其补偿标准（周其仁，2004；蔡继明，

2005)，主张土地转变用途后的增值部分全部归农民所有，即"涨价归农"，其理由是农民应当拥有包括"土地非农开发权"在内的完整的土地产权；另一种则是从"涨价归公"观点发展而来的，认为农地的价值增值是由国家城镇化进程的推进而带来的规划、基础设施投资的辐射作用引起的，"增值归公"是国家公共管制权利的体现（王晓映，2008），在政策上要纠正规划管制在土地交易价格形成上的缺陷，应当对于失地农民及农村集体经济组织进行合理补偿，做到"农民无后顾之忧，集体纯收入不减"，才是真正的公平合理补偿，征用可以带有强制性，但价格应是市场化的（周诚，2005）。也有学者从土地资本化公式出发，推导出兼顾效率与公平的理论最优补偿标准，并认为应直接按照公式推导价格进行补偿（邹秀清，2006），但这种推导建立在土地市场完全竞争、谈判双方要价能力完全相等的假设下，与我国现实差距较大。对于征地补偿标准研究，上述研究在定性层面——土地改革"应该"向何处去的政策价值取向上达成了共识，即保障农民权益，提高地租收益分配中农民所占的份额，但落实到操作层面即如何提高征用农地补偿标准，还缺少真正具有政策意义和实践意义的研究成果。党国英（2010）提出要从社会体制、市场体制的公正性角度认识征地补偿的公正性问题，强调只要交易过程中有充分信息、允许交易双方讨价还价，那么这种以农民"自愿"为基础达成的交易就可认为具有公正性和合理性，这一视角为征地补偿定价问题从单一的经济效率标准向程序正义领域的探讨拓展了研究空间。

土地发展权（Land Development Rights）、可转让发展权（Transferable Development Rights）概念的提出为确定征用补偿标准提供了新的思路。土地发展权的概念于20世纪40年代在美国提出，"发展"（Development）在土地利用规划意义上通常指土地用途的变更或利用强度的加深，"土地发展权"是指对土地在利用上进行再发展的权利，即土地所有权人或土地使用权人改变土地现有用途或者提高土地利用程度的权利。在英美法系财产法上的权利束（A Bundle of Rights）概念中，土地发展权作为变更土地用途的权利（The Right to Convert），它可以从土地产权束中分离出来并让渡给他人（Richard and Bruce，1975）。土地发展权收益不同于目前对土地征用的补偿，土地征用补偿是按照土地原有用途进行的补偿，是由政府规定的；而土地发展权收益是土地非农化后的增值收益，是由市场决定的，体现了社会经济发展的要求（张良悦，2008）。可转让发展权是在分区管制的实践背景下，为解决地租分配的不均衡和由寻租带来的地租增值问题所提供的一种具有市场性质的政策工具。出于保护环境、农地、历史标志性建筑等目的，政府通过分区管制政策将辖区内土地规划为不同的利用类型，并对特定类型土地的开发进行限制。然而，分区管制政策在达成特定目标的同时，也带来了一些问题，就是被称作"意外收益—收益损失"的困境（Windfall-Wipeoutdilemma），即被规划为开发区内的土地所有者所获得收益并非来自个人努力，同时，未处于开发区内的以及被规划为首先开发的土地所有者则将面临可预期的潜在损失（Richard and Bruce，1975；James and Equity，1983）。土地发展权收益的实现和分配标准关系到失地农民的补偿标准。可转让土地发展权要求按照土地非农化后的用途进行补偿。对国外土地发展权转让的实施效果进行的研究结果显示，国外土地发展权转让作为一种市场性的政策工具，它在分区规划的框架内通过引入经济诱因实现对农地、环境敏感区、开敞空间、历史遗迹等特定类型土地的有效保护，一定程度上矫正了分区管制的强制性和刚性（靳相木和沈子龙，2010）。国内对土地发展权的研究主要集中在其概念、归属、流转、可行性与必要性等问题上。沈守愚（1998）在较早时期开始关注农地发展权，研究了设立农地发展权对于改革农村土地集体所有制、理顺农地产权关系、保持耕地平衡以及国家财政收入来源的意义。张安录（2000）则对在我国城乡生态交错区设立可转移发展权对于耕地保护、控制农地非农化速度的可能性、预期收益以及所需条件进行了研究；李世平（2002）认为从控制当前耕地流失加剧、加强政府的土地管制职能、维护国家长久利益以及保障农民土地权益方面论述了在我国建立土地发展权制度的紧迫性和必要性；刘芳和许恒周（2006）从产权完善的角度分析了设立农地发展权的必要性。土地发展权的转让是各种综合规划的结果，是一项复杂的系统工程。目前，国内对此的研究还十分薄弱，有待研究的内容还非常广阔。例如，中国土地发展权转让区域和受让区域如何确定？这些区域如何与中央和地方土地综合规划保持一致？如何让可转让发展权的实现具有可操作性？这些都有待于进一步研究。

四、对现有文献的评述

以上综述表明，理论界对我国农地非农化的研究沿着两条主线进行：农地非农化的经济效率和农地非农化的政策评价。现阶段，我国农地城市转用制度的问题在于产权缺陷及不清晰、土地市场发育滞后和土地资源配置中的政府过度干预。在现有制度框架下，农地在城乡之间的配置难以达到最优化，各利益主体在土地增值收益分配过程中的冲突不可避免，因此城市化进程中土地资源配置的问题牵涉到制度和政策的调整。目前对农地非农化效率的测度强调土地的生产性功能，对农地的评价局限于狭小的农业价值上（以农产品价值评价），忽视了土地的保障功能和生态环境功能。在农地非农化效率的研究上，采用将农地面积数量变化直接与人口、城市化和经济发展相联系，而这些指标本身就是农地非农化导致的直接结果，对农地非农化的公平性和效率的判断缺乏依据。此外，这种效率判定标准暗含的准则是帕累托效率标准，但帕累托效率准则的运用是有前提条件的：完全市场竞争即价格能够准确传递对商品的效用评价，不存在交易费用。而在我国现行土地管理制度下，这两个条件都不满足。正是由于交易过程中公正的土地定价机制的缺失，使土地生产要素的资源价格发生了扭曲，从而产生了非效率。因此，对于农地非农化政策应从经济标准和社会标准予以分别讨论，即从经济效率角度和政治社会角度进行二维评价。

将城镇化过程中的土地生产要素看作公共决策的对象，不是由其性质决定的，而是由其产权属性——集体所有决定的。必须理解农民作为公共选择者在采取个人行为时的动力和阻力，关注土地补偿的公平定价问题。"征"是一种强制性的政府行为，但是价格补偿是市场行为。征地制度的安排应当符合我国当前的经济社会发展阶段，征地制度安排的改革要点应该跳出人为地划分公共目的和非公共目的用途的圈子，应该以平等补偿为主线。

地方政府的趋利行为造成了土地价格不能反映土地资源的稀缺性，土地的低价又进一步刺激了需求，因此学者们对如何打破政府对土地一级市场的垄断、如何削弱政府对土地的管制给予了较多的关注，而对土地征用成本的约束作用却未做更多的理论分析。土地资源无论是用于公益性用途还是商业用途，其所面临的共同问题是土地资源利用存在外部性，这也是政府介入土地市场的合法性依据。政府的法律效力能够解决农地转用过程中交易成本较高的问题，使得土地利用充分实现其外部正效应，但其前提条件必须是以土地的市场价值为基础。

现有研究集中在政府政策层面的静态分析，而城镇化是一个动态过程，牵涉到人地关系、利益格局的重构，现有文献并未涉及形成这一问题的动态过程的内在机制。因此，从社会福利、公共选择入手研究征地过程中各利益集团的行为对土地要素的价格形成和资源配置的影响是新的切入点，关注博弈过程、决策过程，由规则公平、程序公正导出公平效率的交易结果，对阐释和理解城镇化过程中土地资源配置的动态过程具有现实意义。制度经济学的研究认为，资源配置效率与制度结构具有内在的必然联系，现有文献中罕见对于土地制度结构影响宏观经济总量、进而影响经济波动与周期的研究。

第三节　研究方法与全文布局

本书以城市化进程中土地资源在城乡之间的配置效率、利益分配问题为核心[①]，探讨农地城市转用的合理边界、农地城市转用的利用效率、农地财产权的实现机制以及农地城市转用对农民的福利影响。基于"产权制度结构的福利影响"这一理论假设，建立资源配置效率与公平的分析框架，以城乡社会总福利最大化为目标，探索中国城市化、工业化进程中土地资源配置最优化的制度前提，建立对土地资源配置扭曲进行校正的配置机制，针对农地城市转用过程中的市场失灵、政府失灵提出政策建议。

本书采用定性分析与地量分析、规范研究与实证研究相结合的方法，在对国内外既有的土地资源配置、农地非农化研究成果进行学习和总结的基础上，以福利经济学、制度经济学和政治经济学理论为支撑，从理论层面对我国现有土地制度安排特别是农地城市转用及其利益分配的相关政策进行了分析，讨论现有制度是否是达到城市化政策目标的最优计划及其理论依据，以及政策目标是否符合社会整体福利最大化。运用规范分析的方法提出了农地城乡配置福利最大化的制度前提。实证研究从土地宏观利用效率与微观福利效应两个方面展开，对有关理论进行验证。实证研究以统计资料的客观数据和农户问卷调查数据为基础，对农地城市转用的土地利用效率、农户对征地制度的福利评价及其影响因素进行计量分析，并进行规范性评价。

---

① 本书中的"农地资源在城乡之间的配置"，指的是农用地转为城市建设用地。

第四节　本书的拓展和不足之处

参考已有的研究，本书在研究内容和视角等方面有以下几方面的拓展和创新：

（1）建立了"产权制度结构的福利影响"这一理论框架作为土地资源配置效率与平等的分析框架，将效率和平等作为社会整体福利的两个因素，从制度结构角度分析农地城市转用的福利效用，指出产权制度结构对福利分配格局有决定性影响。

（2）探讨了土地资源城乡配置福利最大化的制度前提，将制度经济理论引入资源配置最优化的讨论后发现，帕累托最优的达成并不是无条件的，若忽视产权界定的初始作用，价格机制、市场化的资源配置方式都将造成事实上的不平等，使政策目标偏离社会最优。因此，要从明晰农地所有者与政府的产权边界、引入征地双方竞价的定价机制、实现土地征用的程序正义三方面入手进行政策调整，构建农地城乡配置福利最大化的制度前提。

（3）在问卷调查数据的基础上，运用计量模型分析影响农户土地转用福利评价的因素。问卷设计上将农户对征地补偿安置方案的满意度分解为征地补偿标准、住房安置、就业安置、社会保障四个维度分别进行评价，计量分析的结果表明，征地补偿标准和货币补偿在农户福利感受和满意度评价中并不是最主要的影响因素，征地程序的公正性、农地所有者市场地位平等性对评价结果具有显著影响。农业收入依赖型农户对征地导致的福利变化更为敏感。

由于自身理论素养的不足和时间限制，本书在以下几个方面有待进一步的研究和改进：

（1）未能从理论模型上刻画土地制度结构对宏观经济总量的影响机制；

（2）在实证检验部分，可进一步运用现有数据分别验证补偿安置评价各个维度的影响因素；

（3）对农地转用的福利评价影响因素的分析局限在定性分析层面，未实现定量测度。

第二章　城市化进程中土地资源配置的目标：经济效率与社会平等

资源配置指对相对稀缺的资源在各种不同用途上加以比较作出的选择。朱迪·丽丝（2002）在其著作中归纳了五个评价资源配置管理体制是否符合福利准则的标准：经济效率、分配公平、经济组织和创造就业、资源保障或稳定性、维持"可接受"的环境质量标准。同时她还强调，在现实世界里，一些不被明确强调的社会目标，如政治集团的执政权力、某一利益集团的利益等会对自然资源部门的发展起到至关重要的作用。在现实经济生活中，这些目标之间的冲突和争论是显而易见的，如以短期内的环境牺牲换取经济增长的争论、某一发展阶段是效率优先还是公平优先的取舍等，甚至对于同一目标的评价，也会因为价值观或考察时间维度的不同而存在差异。因此，对资源配置是否优化衡量标准问题的研究，必须有一个统一的理论框架和目标体系。资源配置的最终目的是维持和促进经济的长期可持续发展，从这一目标来看，上述五个评价标准可概括为经济效率与社会公正两个方面。经济效率指包含了外部性的社会总成本与社会总收益的比较，社会公正则是涵盖了阶层间公平、区域间公平、代际间公平的广泛意义上的平等。

西方经济学对资源配置的效率一般以"最优化"来定义，代表性观点有福利经济理论的"帕累托准则"、纳什在博弈论研究中提出的"纳什均衡"以及诺斯提出的"制度效率"，经济学中对资源配置效率的表达有资源生产利用效率、来宾斯坦的"X效率"以及社会福利（效用）等形式。福利经济学是一门通过考察社会及其成员的福利状况，来评价公共政策目标的正当性的学科。福利经济理论阐述的是自由权利的经济目标问题（阿克塞拉，2001），现代福利经济学一般用社会福利函数和帕累托准则来衡量福利状况，将资源配置有效性的判断标准由经济效率的产值最大化转变为福利境况改善的均衡最大化，并以此作为检验公共政策和制度安排是否达到最优化的标准。

第一节 福利经济理论概述

庇古在 1920 年首次使用了 "Welfare"（福利）一词，开创了福利经济学。庇古认为，福利是人们的主观感受，来源于人们的个人体验。因此，福利经济理论坚持功利主义的哲学观，主张：①所有社会政策、规则和制度只能根据它们的结果来评价；②唯一有关的结果是个人的满意程度（Individual Gratification）（赫舒拉发，2004）。

庇古指出，与经济活动相关的、能够用货币来表示的经济福利（Economic Welfare）是社会福利（Social Welfare）的一部分，也是福利经济学研究的主题。由此，庇古基于基数效用理论和边际效用理论，提出了社会福利极大化的两个基本命题：国民收入总量越大，国民收入分配越均等，社会福利就越大。基于第一个条件，庇古指出国民收入的增长依赖于资源配置的优化；基于第二个条件，庇古提出要达到收入分配均等化的目标，可以通过向富人征收所得税即"把富人的一部分钱转移给穷人"，达到社会福利最大化。

效用、偏好是一种基于主观感受的评价，对于其是否具有可比性、是否可衡量存在较多的质疑。经济行为主体因个体间的差异，往往对同一事物的感知和作出的评价存在差异。因此，效用、偏好不能用于人际间的比较，阿罗不可能定理证明了仅依赖个人偏好的排序（序数效用）进行人际效用比较的不可能性。

以卡尔多、希克斯为代表的新福利经济学派放弃了基数效用方法，代之以序数效用。同时他们认为在福利经济研究中应抛弃价值判断，将交换和生产的边际最优条件作为中心问题，而不关注收入分配问题。他们将收入分配划入伦理道德范畴，认为对此不同的人有不同的价值标准，难以统一和加以论证，因此新福利经济学派认为，收入分配的均等化并不是促进社会福利改进的必要条件。这一观点受到了很多批评，批评者们认为，社会福利是社会所有成员与经济生活相关的一系列变量的函数，如消费的商品和服务的数量、提供的要素等。社会福利的最大化一方面需要达到交换和生产的最优边际条件，另一方面社会福利在社会成员之间的分配至关重要。

之后随着经济学与其他学科研究的融合，也有学者提出研究社会福利不仅仅包括经济因素，其中比较有代表性的是阿马蒂亚·森提出的将功能的实现及其可能性等对权利和自由的考察引入福利理论。他认为人们的满足感不仅来自所拥有的商品的价值，还依赖消费者的个人特性以及所处的环境特征，因此福利状况不能仅依据消费和收入水平来判断，选择的过程特别是选择的自由度（可能性）也与福利密切相关，这些功能的实现标志着人们享有了利益，拥有行使积极自由的权利。这些功能并非必须有效地实现，实现这些功能的可能性（潜能）与福利也是对应的。

综合以上分析，本书所使用的"社会福利"概念包括效率与平等两个维度。任何一项政策选择，都包含着对效率与平等的取舍，将平等和效率作为决定社会（总）福利大小的两个基本构成因素，当经济收益（即效率）一定时，收入分配平等程度直接影响社会总福利的评价；当分配机制稳定在一个公平状态时，效率越高，社会总福利越大。本书的研究主题是农地非农转用中的土地资源城乡配置的效率及收益分配的公平性问题，土地资源配置效用用城市土地投入的产出效率衡量，公平性则由农地转用的程序公正性、市场主体地位公正性以及收益分配的平等性衡量。"个人的福利和个人所属的那个社会福利，是同关于土地利用的科学政策的制定与实施紧密相关的。"[①]

一、资源配置的社会福利标准——经济效率和社会公正的规范标准

判定制度是否符合社会福利，要从效率和社会公正两个维度进行考察。作为构成社会福利并对其产生影响的两个因素，效率与社会公正应该都是社会发展过程中政策、制度所追求的终级目标，二者是辩证统一的关系。如果将结果公平作为社会公正的标准，那么效率与公平就出现了内在矛盾。但如果将公平和效率都作为社会政策的追求，那么社会整体福利是二者的增函数，二者都是提高社会福利的手段。效率从生产方面影响社会总福利，公正（公平）从分配方面影响社会总福利，公平和效率在增加社会总福利方面具有替代作用。效率和公平是社会福利的两个维度，要实现社会福利最大化，二者缺一不可。但这并不表明在任何发展阶段，效率和公平都处于同等重要的地位，如图2-1所示，不同经济发展阶段，人们对效率和公平的偏好是不同的。

---

① 伊利、莫尔豪斯：《土地经济学原理》，滕维藻译，商务印书馆1982年版，第15页。

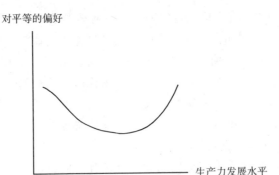

图 2-1　不同生产力发展阶段对平等的偏好

在人类生产力极度不发达，基本的生存都不能得到保障的阶段，物质产品的平均化、均等化分配符合社会福利公正性；当社会生产出现了剩余，通过效率优先的激励作用可以极大地促进社会物质生产的发展；当社会生产力发展到比较发达的阶段，物质产品极大地丰富，分配的平等性又将成为影响社会福利评价的首要因素。

二、福利经济理论的政策指导意义

对于经济政策的研究应包含三个层次：第一个层次是政府的当期选择，即在制度的作用和范畴既定（已知经济如何运行的假设）的情况下，政府做出选择的过程；第二个层次是制度选择层次，即政府和市场的存在及其各自的结构；第三个层次是社会偏好或目标的确定，即社会选择层次（阿克塞拉，2001）。从逻辑次序上看，以上三方面内容，第三个层次的界定至关重要，因为它是前两个层次内容发挥作用的前提，也是制定前两个层次政策的基础。确认社会应当具有的偏好和目标，属于规范研究方法的范畴，而福利经济理论提供了确认社会偏好、从制度层次上确认最优状态的标准。福利经济理论为评价提供了标准，能够使经济政策本身具有系统完整性（阿克塞拉，2001）。这种方法可以使我们对不同的（市场与政府）制度安排所产生的结果做出判断。

福利经济学两大定理揭示出进行政策评价不能仅衡量投入—产出的经济效率，同时要注重收益分配的公平性，即以经济效率与社会公正两大目标为原则，寻求社会整体总福利最大化。社会总福利除经济收益外，也包括环境效益、社会效益等广泛的外部性、公共物品等范畴，追求社会成本与收益的平衡。同时，政府的适当干预，能够提高资源配置、收益分配的公平性，进而增进全社会的福利水平。

城市化进程中的土地资源在城乡的重新配置，理想的目标是实现资源配置效率最优化和土地收益分配的社会公正，从而实现城乡总体福利的最大化。在这一过程中，市场机制、政府干预及其他利益协调机制影响最终土地资源配置格局的形成，而"公共政策是约束个人利用土地时的活动的界限"[①]。市场机制起主要作用，要产权清晰、规则公正，保证市场主体合法地位，以市场机制的方式完成交易；政府的作用范围要严格限制在土地资源利用外部性内部化、公共物品提供以及为土地收益分配的平等性制定公正规则上。

三、福利变动的度量

在以成本、收益分析为核心的政策研究中，一般用消费者剩余度量个人福利的变动情况。消费者剩余概念由法国工程师 J. Dupuit 于 1850 年提出，经马歇尔（1920）的《经济学原理》引入经济学当中。马歇尔将消费者剩余定义为"他希望拥有某种东西时所愿意支付的价格超过他实际支付的部分。社会整体福利一般看作消费者剩余与生产者剩余之和，如图 2-2 所示。

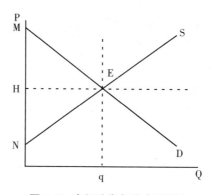

图 2-2 市场均衡与社会总剩余

---

① 伊利、莫尔豪斯：《土地经济学原理》，滕维藻译，商务印书馆 1982 年版，第 12 页。

图 2-2 表示了市场均衡时的社会总剩余。生产者剩余为均衡价格水平与供给曲线所组成的 ΔHEN 的面积，消费者剩余为需求曲线与均衡价格组成的 ΔMEH 的面积，ΔMEN 的面积就表示社会总剩余。均衡价格点上，边际成本与边际效用相等并等于均衡价格，此时社会达到福利水平的最大化和资源配置的最优化。用社会总剩余来度量社会福利水平，就是将经济行为主体分为生产者和消费者两类，只有在市场价格等于均衡价格时，社会福利达到最大化，此时剩余在消费者和生产者之间的分配状况也被认为是公正的分配，本书中产权结构对福利的影响效应的分析也是以此为基础的。

第二节　福利经济理论的效率标准与土地资源配置

帕累托于 1906 年在《政治经济学教程》一书中提出了一个能够获得广泛共识的效率概念，帕累托效率是经济学中公认的用来比较不同经济体制、公共政策结果的标准：如果存在一种配置方法，在其他人的境况没有变坏的情况下，能够使一些人的境况变得更好一些，那么就存在帕累托改进。如果现有配置方式存在帕累托改进，那么现状就不是帕累托效率的；如果一种配置状态不存在任何帕累托改进，就称其为帕累托效率。

在帕累托效率的情况下，资源的使用达到了极限，在与其他生产要素的结合中，各生产要素按照创造财富所做出的贡献参与分配，在市场中得到公正的回报，只有在这种状况下，一个社会才能在资源使用效率最大化与社会公正的良性循环中可持续发展。依照帕累托准则，如果土地资源在城市和农村或农业和非农业部门之间的配置所导致的农村和城市的福利状况达到了这一状态——如果不减少一方的效用就不能增加另一方的效用，那么理论上就达到了资源的最优配置，实现了社会总福利的最大化。

一、帕累托最优的边际条件

福利经济理论对竞争性市场的效率问题的规范性讨论一般采用如下标准：一项改革的结果所导致的社会净福利变化 $W = B - C$ 是否有所增加并达到最大化，这一标准被定义为帕累托效率。因此，福利经济学中有两种表示公共政策效率目标的方式：社会净收益 W = B − C > 0 和帕累托准则，这一标准也被认为是经济学领域内至今唯一能够明确界定的效率（或资源配置效率）概念（梁小民，1995）。阿罗（1951）指出，从以下两个命题所包含的效率概念出发，可以对福利状况进行比较以及进行社会排序：①如果所有人在状态 b 下的评价高于状态 a 下的评价，即在状态 b 下的满足感更高，那么状态 a 到状态 b 的过程就是这个群体福利得到改善的过程。②更极端的情况是，只要在状态 b 下至少有一个人的境况得到了改善，而没有任何人因此境况恶化，那么状态 a 移动到状态 b 就会提高这部分人的福利，社会整体福利也会得到提高。命题①为"弱"帕累托准则；命题②为"强"帕累托准则（Arrow，1951）。这两个命题可以使我们构建状态 a 和状态 b 的社会秩序。同时，这两个命题也体现出帕累托标准所包含的价值判断特征。

（一）帕累托消费效率

消费的帕累托最优由边际替代率（MRS）表示。艾思沃奇曲线显示了双方无差异曲线的一系列切点（契约曲线），我们可以看到，只要双方无差异曲线相交，边际替代率不同，消费配置就可以实现帕累托改进。当边际替代率相等时，不可能再以一种不损害一方境况同时使另一方的境况得到改善的方式在交易双方之间重新配置资源。

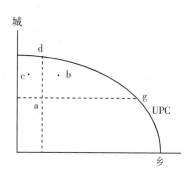

图 2-3　城乡土地资源配置的效用可能性曲线

假定土地城市转用的利益增加是既定的，这部分收益在城乡两方之间进行划分。可以判定，在总收益的范围内存在着无数种可能的收益分配方式，每一组分配都对应着双方的一组效用，这些组合可以用他们各自效用可能性曲线上的点来表示，如图 2-3 所示，UPC 为效用可能性曲线，即农地城市转用的最大化收益水平。由帕累托判定准则我们可知，在由城乡双方组成的农地城市转用收益分配决策中，社会排序 b 点优于 a 点。但是，无论是 a 还是 b 都不是帕累托最优的，因为向效用可能性边界的方向移动，能够转换至另一种状态——至少使两方中的一方福利提高，而不会使另一方的境况变差。效用可能性边界上的无数个点都是帕累托最优的（对应艾思沃奇盒子上的契约线），因为无论我们从效用可能性边界上的任何一点开始移动，都不可能在不使两方中的一方恶化的情况下使另一方的境况得到改善。图 2-3 中 a 点和 b 点表明，从效用可能性边界内部的任何一点出发，向右上方移动，可以使城乡双方的福利都得到改善。从曲线上任何一点如 g 点向 d 点移动，是农村福利逐渐减少的过程。因此，在产出（土地要素收益）既定的情况下，帕累托最优条件的效率要求是交易双方对商品的边际替代率相等。在图 2-3 中，效用可能性边界上的所有点都具有这个特性，曲线内部的任一点都不具备这个特点。

（二）帕累托生产效率

在现实中，有效的资源配置不仅涉及最终消费品的分配（消费效率），还涉及对资源在各种可能用途之间的分配选择和对产出水平的选择。仍然用艾思沃奇盒子来说明资源的配置效率。我们假设只有城市和农村两个生产部门，土地和资金两种资源投入城市、农村的经济生产过程，资源的边际技术替代率（MPRTSs）相等时，这种资源配置状态是有效率的。我们假设土地农业用途的产出只表示为农产品产量，城市第二、第三产业的产值用货币表示，纵轴和横轴表示的投入物——货币和土地的数量，用等产量线代替无差异曲线。那么，在 A 点生产农产品和城市第二、第三产业的资源配置是无效率的，因为在不减少另一种商品产量的情况下，增加两部门中至少一个部门的产量是可能的。等产量线之间的所有切点都是有效率的，OO′为投入契约曲线。我们将 OO′上对应的农产品产量和第二、第三产业产值的数量转换成生产可能性曲线，如图 2-4

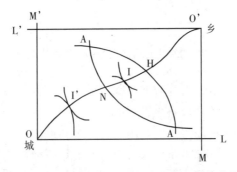

图 2-4　城乡两部门的土地—资金投入契约曲线

所示，不在契约线上的配置与转换曲线（生产可能性曲线）上的点对应，明显是没有效率的。

（三）帕累托组合效率

由图 2–5 来考虑产值的选择问题，假定初始资源总量和生产函数是既定的，城市增加一个单位产出，必须减少一定数量的农产品产量，边际转换率（MRS）给出了产量决定的条件。当两部门产出的边际替代率（所有消费者的边际替代率相等）与其边际转换率相等时，实现了产量选择的帕累托最优，即帕累托组合效率，也称作"一般"效率。

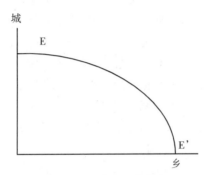

图 2–5　生产可能性曲线

上述帕累托最优的证明是在自由交易的假设下进行的，即不存在交易的外部性。福利经济学第一定理揭示了市场经济的最优状态：所有自愿的交易都得到进行的配置是帕累托有效率配置。一般来说，帕累托效率不关注交易收益的分配，只与交易的效率有关，即是否所有可能的交易都进行了。

帕累托效率论证了在既定收入分配条件下社会福利最大化（资源分配最优）的状态。每一种初始配置都是帕累托最优，帕累托最优的标准没有对如何选择配置提供指导，因为它把每一种配置都置于同一个集合中，即帕累托最优配置的集合。帕累托最优的标准对公正和平等不起作用，因此，帕累托最优并非社会福利最大化的充分条件，因为以对公正的判定标准为基础的社会福利函数有不同形式，即包含不同的价值判断，社会福利的判定还取决于社会福利函数的形式。

现实生活中，帕累托最优状态较为罕见，常见的情况是资源配置的改变使部分人福利增加的同时，也导致部分人福利下降。帕累托效率（最优）禁止任何使社会分配更均等化的政策，因此它不适合作为社会政策的价值基础

（杨春学，2003），该标准的前提（道德个人主义、效用的序数测量和不可比性）使其只能构建出社会的部分次序，会引起"现状独裁"[1]。针对帕累托判定准则前提假设的局限性，卡尔多、希克斯在坚持帕累托原则的基础上，对其进行了拓展。

二、卡尔多补偿原则

在不放弃帕累托原则的情况下，新福利经济学的经济学家们通过引进条件和公理来克服帕累托次序的不完善的局限。这就需要拓展一系列从社会角度来看"可排序"的状态，从一种社会状态转换到另一种社会状态，可能会给一部分人带来福利，给另一部分人带来损失，此时，需要对这种转换是否可取确定原则，卡尔多（1939）首先提出了补偿原则。

卡尔多认为，如果一种变化导致资源配置效率提高从而使社会的实际收入增加，那么整个社会的福利就会增加，因为那些从这种变化中受益的人能够补偿那些境况变差的人，这种变化是否可取就决定于支付补偿的可能性。用图 2-6 来说明卡尔多补偿原则：

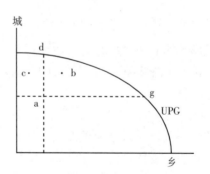

图 2-6 卡尔多补偿原则

以图 2-6 中 b 点和 d 点为例，在帕累托准则的基础上构建这两种状态的社会次序，我们不能判定 d 点比 b 点更具有帕累托优势，因为在 d 点农村方的福利会变差。卡尔多原则认为，如果从 b 点转换到 d 点，农地转用到城市后城市方获得的收益很大，使其在补偿农村土地所有者后仍有净剩余，那么

---

① 阿克塞拉：《经济政策原理：价值与技术》，中国人民大学出版社 2001 年版，第 31 页。

从 b 点到 d 点的变化就是可取的，即 d 点在社会次序中排在较高的位置。因为 UPC 效用可能性曲线是以任何可能的方式有效率地重新配置产出（收益）获得的，城市方是从 b 点到 d 点的受益者，将其在 d 点的部分资源补偿给农村土地所有者是可能的。

　　卡尔多的这一方法也受到了批评，主要问题集中在两个方面：一是补偿是否能够得到有效支付；二是仅根据对总收入的影响来判断社会变化，而不考虑现实的财富分配状况。以卡尔多的效率标准来衡量一项公共政策时，只要该变革能够增加社会总福利，即能够导致社会净收益 $W = B - C > 0$，受益者在对受损者进行补偿后使其境况能有所改善，该项变革就符合帕累托标准，福利经济理论对效率的规范性讨论并不强调这种补偿是否实际可行。一项变革增加了整个社会的总收益、总福利，理论上应该补偿政策的受损者，然而实际操作中往往出现很难确定和证明谁应该获得补偿、补偿多少等问题，甚至出现难以确定谁是受益者、受益多少、谁应该为补偿受损者出资，进而导致实际转移支付的困难。Hicks 提出，如果受损方不能够有利可图地"贿赂"受益方来反对变革，那么变革将会带来社会改进（Hicks，1940）。李特尔（1949）进一步指出，这种变化是否可取不能根据一种状态比另一种状态具有潜在优势来确定，而忽略这种变化对分配的实际影响，不能割裂效率和公平，特别是不能忽略后者。如果只局限于确定支付补偿的可能性进行评价，那么有可能发生的情况是，即使实际补偿不会发生，也会使我们对此做出积极评价，从而造成社会净收入的增加并不带来社会福利的增加。

　　一项符合经济效率的公共政策，增加了 $W = B - C$，如果受益者对受损者的实际补偿能够实现，那么这项公共政策对社会总福利仍然是有所改善的。当造成一部分人利益受损，又不可能进行实际补偿，或者进行实际补偿的社会成本过高而难以接受时，这样的政策就面临着效率目标和社会公正目标的内在矛盾冲突。一个社会在强调效率优先的发展阶段，其公共政策决策一般均通过 $W = B - C > 0$ 的效率标准进行衡量和判断，暂不考虑收益 B 和成本 C 在不同利益群体间的分配。其出发点是通过促进经济效率的公共政策和变革，随着时间的推移最终使所有人受益，这一过程中不可避免地有部分群体利益受损。虽然平等和效率是评价社会福利的两个维度，但二者并不是在任何情况下都同等重要。在社会发展处于贫困状态（生存问题尚未解决）的阶段，公平是绝对优先于效率的，而且是提高效率的基础；当社会基本需求得到满足，并开始出现经济剩余的阶段，扩大经济总量是社会福利进一步提高的物质条件，一般通过效率优先激励经济增长的积极性；当社会生产力发展到一定程度，社会的公平目标在政策权衡中应占有重要的地位，如果对社会公平目标的忽视超过了社会所能承受的底线，将造成社会不稳定的因素。

当把卡尔多补偿原则运用到现实经济生活中的利益分配问题时，大多因为进行补偿支付的管理和信息成本太高，使得向受损者进行补偿不太可能。但在农地非农化收益分配问题中，收益增加值、受损者及损失多少是能够确定的，因此不存在无法对受损者进行补偿的信息障碍问题。

但是，补偿的功能并不包括用来确保效率状态。理论上，如果受益者能够补偿受损者，那么这项公共政策对社会仍然是有所改善的。即对整个社会而言，W=B-C.是增加的，那么这项公共政策就是符合效率标准的，此时进行实际补偿符合社会公正这一目标和理念。但是，当进行实际补偿存在技术上的困难或实施补偿成本太高时，就面临着经济效率和社会公平的取舍与矛盾。美国经济学家弗利（D. Foley）关于平等和正义的经济学研究进行了开拓性探讨，他在《资源配置和公共部门》（1967）中提出：如果在一种分配状态下所有人都不嫉妒别人的话，这一分配状态就是平等的。据此我们可以得出社会福利最大化的均衡条件是：公平程度和效率的提高所带来的部分群体社会受益的增加与另一群体社会福利损失相等，并且社会达到没有人"嫉妒"他人的状态。

三、土地资源城乡配置的效率

农地城市转用是城市化、工业化的必然要求，从资源配置的角度看，其经济目的是土地作为生产投入要素，由农村转入城市，以满足第二、第三产业的发展需求。改革开放初期的低价征地政策降低了城市工业用地的成本，为快速的城市化、工业化道路降低了进入门槛。这种近乎无条件满足城市用地需求的征地方式渐成惯性，加剧了农地资源的流失。随着土地价值的凸显和个体土地权利的觉醒，这种征地方式所引发的社会矛盾将不断恶化。

在我们这样一个人多地少、土地资源稀缺的国家，追求土地资源利用经济效率的同时，土地作为一种财产性资源，其配置也具有明显的社会公正的含义，土地资源配置的平等性也是社会效率的应有之义。因此，土地资源的开发利用必须与经济社会发展的需求相协调，保障粮食安全、保持生态环境的可持续性、保障土地权利的平等性，是农地城市转用面临的约束条件。

传统的以行政计划为主的农地征收和城市供地政策人为压低农地价格，忽视了土地资源的稀缺性和土地资源配置的公正含义，导致土地的粗放利用、生态资源退化加剧，行政主导的土地资源配置方式限制了土地资源流动的灵活性，使得土地资源低效利用在城市部门大量存在，农地城市转用的资源配置方式的错位导致了土地利用效率低下。土地非农使用者作为理性经济人倾向于以尽可能低的征地补偿标准取得土地，以降低用地成本、投入成本。但是，以低成本取得的土地有可能造成土地利用的低效率。任何经济主体进行生产的核算标准为成本—收益核算，如果土地要素取得价格过低，就会造成个人投入成本与潜在社会成本的不一致，经济主体内部只要土地投入边际收益超过其付出的成本就是经济的，而不考虑土地利用的潜在社会成本。这种情况将导致的必然结果就是：刺激土地的实际需求高于以合理价格征用土地形成的均衡需求，导致农地的过度非农化，从而导致城市建设用地的粗放利用，大量实证研究证明了这一结果（曲福田，2001；谭荣等，2007；等等）。对用地企业而言，由于用地成本相对较低，土地资源在次高效率下使用，用地单位仍有利可图（谢燕，2004），因而土地资源配置最优化的改进难以实现[①]。同时，公共政策的缺位使得土地利用中的公共利益难以维护，导致土地资源利用中非经济价值的退化。

第三节　平等、公正理论与土地资源配置

　　从上一小节的分析可知，符合效率标准的、完全竞争的市场机制将导致资源配置的收益最大化，但效率标准不关注收益在经济主体间的分布状况。而城市化进程中的社会整体福利不仅取决于土地投入产出的经济效率，也与收益增加在社会群体间的分配公平密切相关。土地作为社会经济发展必需的物质载体，其配置的公平性不仅影响社会群体的福利评价，也对土地资源配置效率产生反作用。农地城市转用中的平等，指的是土地资源在城乡重新配置后所增加的经济福利在城乡利益主体间的分配问题，包括这一过程中的市场地位平等性、规则公正性等问题。

---

① 谢燕：《农地征用低价补偿的制度根源与效率损失》，《农村经济》2004 年第 2 期。

一、公平观念

一般认为，公平包含了社会平等（公正）和效率双重目标。经济学研究对公平的讨论集中在以下四个角度：寻求个人初始资源禀赋分配的社会公平的原则；公平分配的机制设计；设定社会福利函数寻求最优分配的理论解；考虑再分配对效率可能产生的影响。对分配平等或公正的问题，提出的标准主要有以下几种：

（一）均等（Equality）标准：将社会公正视为收益平均化

按照这种观点，假设社会初始状态所有社会成员 n 的资源禀赋相等，收入完全均等化，若一项制度安排所导致的变化满足 $W = B - C > 0$ 的效率条件，受益增加部分 W 与 n 之间的分配导致新的收入分布。由于 $W > 0$，因此 W 在经济主体间的分配将使所有社会成员的境况得到改善（没有谁的状况变差）。但是，若此时 W 的分布不是按照 W/n 平均分配，而使经济主体间的收入出现差距，由于收入不再平等，所以判定该制度不符合社会公正的标准。因此，如果将社会公正定义为绝对均等，是违背效率原则的。

若将均等标准作为农地城市转用受益分配的公正原则，征地双方完全平均地分割土地增值部分，显然是不合适的。由于土地资源利用的外部性，其配置和收益的分配应注重更大范围的平等性，包括区域间的利益平衡以及代际间资源配置的公正。

（二）市场成就（Market Achievement）标准：通过竞争性市场达到社会公平

竞争性市场机制按照个人贡献的市场价值给个人提供报酬，即以个人能力及其努力程度的贡献为依据进行收入分配。资源配置效率高的主体获得更多的报酬，应占有更大的资源配置份额。这种"效率优先"的公平标准在我国经济发展中得到较大程度的承认，经济主体依据对生产贡献的价值在竞争性市场中得到报酬，被认为是符合公正标准的，城市化进程中的农地转用收益分配也受到这种观点的影响。

土地在城市工业、服务业的非农利用获得的收益大大高于农业利用，按照完全市场经济的逻辑，将导致有更多的农地配置到非农利用中。农地作为一种特殊的自然资源，粮食安全、生态保护功能的价值在农地城市转用的交易中并未显现，需要政府规划介入控制农地转用的速度和规模，一味按照贡献标准，将导致农地过度非农化。同时，农地的社会保障功能要求政府为失地农民建立完整的社会保障体系，保证农民生活不因土地被征用而降低。

（三）所有权（Ownership）标准：古典自由主义权利分配理论

古典自由主义的分配理论强调市场机制排斥政府干预，认为应保护所有权，市场本身在分配方面具有原始的公平性。这种分配观宣扬市场自由分配，认为自由优先于平等和正义。

农地转用作为土地非农利用的前提，土地作为一种稀缺资源参与城市化、工业化生产过程，农地所有者作为稀缺性资源的所有者应获得更大的报酬，因为让农民放弃土地所有权，要让他觉得"值"（周其仁，2004）。但农地所有者面临的非农化转用的初始禀赋不同，农地城市转用具有明显的区位效应，距离城市越近，土地转用后增值空间越大，远离中心城区的农村土地没有机会进行转用。若按照所有权给予农地被征收方完全报酬，将会造成农村土地所有者之间的不公平。

（四）机会均等标准：机会和规则公平

这种观点强调经济主体对于收益分配过程的参与，与前面三种观点相比，不太关注最终分配的结果，强调机会公平和规则的公正性。按照这种公正观，农地城市转用的公平性应具有以下特征：农民作为农地的共同所有者，与征地方可就具体补偿标准进行协商，除严格限制的公共利益，政府不得动用强制力取得农地。农村集体建设用地获得与城市土地同等的地位，农地所有者获得市场决策权。由此达成的交易协议是平等、自愿的，且达到福利最大化——所有可行的交易都已达成，尽管最终的收益分布不是绝对均等的。同时，机会平等还有另外一层含义，那就是农民失地后在社会保障、就业等公共服务方面享有与城市居民同等的待遇，农地转用后资源配置效率提高所带来的收益由城乡居民共享。

以上四种关于公平的观念有着很大的差异，正是价值观的不同造成了对公平、平等概念理解的差异。不同利益集团有着不同的价值观，公平标准的选择问题无法回避价值判断，以此为基础的有关社会福利的制度体现了公共政策的价值取向，在民主决策的社会选择过程中，最终的制度安排是各个利益主体以各自的公平观念为基础，对资源如何配置及其收益分配进行竞争和协商的结果。

我国城市化进程中农地转用所涉及的主体也存在利益不一致，中央政府、地方政府、农村集体土地所有者各有其效用函数和判断标准。现行制度安排下，农民在这一过程中的地位和话语权最小，而农地转用对这一群体的切身利益影响最大，由于缺乏组织和利益代言人，利益诉求被忽视，造成农地转用中利益受损，导致群体性事件频发，影响社会整体稳定性。因此农地城市转用中，制度安排的平等性是与效率同等重要的问题。土地城乡配置的不平等性需要通过相关土地政策的调整建立公正的规则来达到经济主体的地位平等以及机会平等。本书认为，土地资源城乡配置过程的平等性体现在全面考量农地资源价值、所承担的社会保障价值的基础上，按照所有权标准、生产要素按贡献参与分配的标准对农地所有者进行补偿。同时，失地农民要在就业、社保、安置等公共服务方面与城市居民享有同等待遇，至少确保失地前后生活水平不下降。

二、社会福利函数

对公平观念的理解是为收益分配建立标准的基础，构建社会福利函数（Social Welfare Funcion，SWF）是将个人偏好通过加总转化为对社会状况进行排序的方法。该函数将社会总福利定义为个人福利的向量，用以表示社会总福利状态与社会中个人福利（效用）的关系，并能够推导出最优分配的理论解及对效率产生的影响，本书借助社会福利函数的不同设定形式讨论城市化进程中土地收益分配的平等与效率问题。假设福利只取决于它们的收入，不同社会福利函数反映了对不同社会群体之间关系的价值判断，即反映了不同的分配公平判定标准。

表示社会公平准则最常用的方法是以博格森—萨缪尔森社会福利函数（Bergson–Samuelson Social Welfare Function）为假设，将其作为社会福利函数的一般形式，这一函数假定每个人只关心自己的利益，则有：

$$W = f\left[U_1(X_1),\ U_2(X_2),\ \cdots,\ U_n(X_n)\right]$$

社会福利是个人效用分配的直接函数，是个人消费组合的间接函数。若对所有的 n 来说，$\partial f/\partial X_n > 0$，公式则变成帕累托式的社会福利函数。在我国新中国成立初期的计划经济时代，社会阶层尚未形成特定的利益集团分化，政策取向一般倾向于这种同等权重的"价值判断"[①]。

---

① 程世勇、王勇：《中国城市化：福利、制度效率和正义》，《兰州学刊》2008 年 3 月。

(一) 功利主义社会福利函数

功利主义思想起源于边沁，这种观点主张：①所有社会政策、规则和制度只能根据它们的结果来评价；②唯一有关的结果是个人的满意程度。社会福利水平等于所有社会成员效用加总，社会福利最大就是个人效用加总之和最大化，那么公共政策的目标就是实现"最大多数人的最大利益"。功利主义社会福利函数的现代形式是：

$$W = \sum_{i=1}^{n} a_i U_i(X_i)$$

其现代形式建立在豪尔绍尼的基础上，要求人际间的效用可比。a_i 表示个人效用在社会福利中的增函数，是加性的，将 X_i 定义为收入，那么效用就是收入的增函数。若收入分配格局不变（相对收入不变），随着国民收入的增加，个人收入随之增加，那么整个社会的经济福利增加；若部分人效用增加，部分人效用减少，社会福利是否增加则要视二者的程度。

功利主义社会福利函数的理论缺陷在于对（收益）总量在各个阶层的分配关注不够，因此不适用于土地城乡配置的福利评价。按照功利主义的理论，农地城市转用只要能够产生收益的增加，那么这种转用就应该进行下去，而与土地增值收益在城乡之间的分配机制无关。

(二) 罗尔斯主义社会福利函数

罗尔斯主义的社会福利函数又称为最大化最小社会福利函数，其公式表达为：

$$W = \min(U_1, U_2, U_3, \cdots, U_n)$$

罗尔斯主义社会福利最大化的标准是使处境最差的社会成员的效用最大化。罗尔斯特别强调以下两条原则将使穷人的收益最大化。①自由优先权：每个人都应拥有最广泛的基本自由的权利。②对社会经济的不平等做出这样的制度安排：对处境最差的人产生最大受益，让所有人在机会平等的基础上有利可图。借助"无知之幕"的思想试验制定社会公平的收入分配的规则，在向每个人隐藏了有关其他人的初始禀赋、能力等信息的前提下，个人理性将引导人们对公平原则达成共识，并公认遵守公平规则符合每个人的利益，规则公平之下所产生的收入分配状况也是公平的。公式中 $\min(U_1, U_2, U_3, \cdots, U_n)$ 表明社会福利状况取决于社会成员中的效用最小者，假设 U_n 表示这一最小值，假如 $U_1, U_2, U_3, \cdots, U_n$ 不变，只要 U_n 增加或者 U_n 与其他社会成员效用差距缩小，那么社会福利就增加了。根据这种观点，只要社会中处境最差的人福利状况得到改善，那么社会福利就增加了，当国民收入增加使所有社会成员的个人福利同时增加时，不论收益在成员间如何分配、是否加大了收入差距，只要处境最差的社会成员福利有所增加，那么社会收入分配就是公正的，即默认了这种情况下收入差距增大的合理性。

农地城市转用土地增值收益的分配中应充分考虑到弱势群体——农民的福利改善，同时不应忽视土地收益分配加剧城乡收入差距的不平等。按照罗尔斯主义的分配理论，只要弱势群体的福利绝对量有所增加就符合公正理论。按照这种标准，在农地城市转用中，只依照生存标准给予农地所有者补偿，甚至只要为失地农民建立社会保障体系，就达到了福利增加的目的，土地增值的大部分收益归非农使用者所有，这种做法不能体现农地所有者平等的市场地位，导致福利分配的不公正性，可能加剧城乡贫富差距，不符合"工业反哺农业"的战略目标。

（三）精英主义社会福利函数

$$W = \max \ (U_1, \ U_2, \ U_3, \ \cdots, \ U_n)$$

精英主义社会福利函数又称最大化最大社会福利函数，福利最大化的标准是最幸运者的福利最大化。其理论基础是"滴漏理论"（Trickle-down Effect），后进一步推论为：只有给市场精英以特殊待遇，民众才可能从中获得收益，若没有市场经营，其他人的状态不可能改善，其暗含的判断是社会公平内化于市场交换。从精英主义社会福利函数出发，采取任何降低分配不均等的措施必将会阻碍经济增长，损害对市场精英的激励、个人的创造性，影响资源配置效率，因此反对任何再分配政策。

这种观点显然不符合我国现阶段统筹城乡发展、构建和谐社会的价值取向和政策目标。从新中国成立后到改革开放初期，零成本或低成本的城市用地政策正是体现了这种追求经济收益最大化的价值目标。低成本的土地要素投入推动了城市化、工业化的高速发展，但这种征地手段所引发的社会问题日益严重。达成平等、自愿的交易的前提是农地所有者与土地非农使用者同样是平等的市场主体，双方通过竞争、协商达成农地转用协议，双方对于土地转用的价格达成一致，实现福利的最大化，也就实现了对于土地增值收益的公平分配。

三、土地发展权

土地发展权这一概念最早出现在 20 世纪五六十年代的英美等国，指的是关于土地开发与利用的权利，是在社会经济发展过程中，随着土地管制和规划加强而形成的概念。土地发展权是一种可以与土地所有权分离而独立存在的权利，是土地所有权主体或土地使用权主体通过变更土地用途提高土地利用效率的权利。

农地城市转用所涉及的土地资源城乡配置，正是土地由农业用地变更为城市工商业用地的用途变更过程，土地变性所导致的增值部分即土地发展权的兑现。由于土地用途由农用转变为城市建设用地，农地价格随之上涨至建设用地价格水平，价格差异形成的土地增值收益被称为土地发展权收益，这一增值收益的分配是当前争论的热点，也是引发各种征地矛盾的焦点所在，农地发展权的归属关系到土地增值收益的分享和各个主体利益关系的平衡。"涨价归公"和"涨价归农"两种观点虽然各有依据，但单纯地采取某一种观点都有其不合理之处。"涨价归农"的出发点是最大限度地维护失地农民的权益，但如果增值收益部分全部归农，则是只看到失地农民应该享有农地发展权，而忽视了社会经济发展产生的土地增值，这对其他社会成员来说显然是不平等的。而"涨价归公"则只强调社会发展因素，强调土地发展权全社会共有，而忽视原农地所有者和使用者所拥有的获得充分补偿的天然权利，即忽视了农民也应分享土地发展权，对失地农民有失公平。

从土地资源配置和利用的社会价值目标来看，土地发展权的设置在追求社会整体福利的最大化，即实现经济效益和生态效益的同时，也应关注微观经济福利。因此，从土地的特殊属性看，土地发展权不能简单归为完全公有或完全私有，而应具有双重属性。首先应该承认公权力在规定土地用途、制定土地利用规划中的主导权；同时，在某些情况下，也应赋予土地所有者变更土地用途或从用途变更为收益的权利。

从我国现行的征地制度设计来看，土地发展收益的最大获益者是土地出让金的获得者即地方政府，这种土地增值收益分配方式导致了许多弊端。符合社会总体福利标准的农地城市转用的收益分配方案应该能够在兼顾社会整体利益的前提下，最大限度地实现对失地农民的补偿，实现农村与城市的双赢。农地产权的不完整也包括农地发展权的缺失，农地发展权的计算和分配以预期可获得的经济利益以及因受到限制而造成的经济损失为根据[1]，这也体现了土地发展权的财产性。我国现行土地权利结构体系并不包括土地发展权，土地发展权的设置对于征地补偿与增值收益分配、规范农地征收程序具有现实意义。

第四节　土地资源城乡配置中的效率与公平

土地作为一种生产要素不仅具有资源属性，还具有资产属性（陆红生和王秀兰，2000）。资源属性指的是土地作为人类社会生存发展的物质基础，资产属性则指建立在产权关系基础上的经济主体对土地的责、权、利关系。因此，土地资源的配置在物质生产领域的表现是作为要素在各生产部门之间的流动，而在经济生活的权属层面，则表现为有关土地的各项权利在经济主体间的转移。

根据上述福利经济理论的分析，本书认为城市化进程中土地资源配置的福利衡量应包括两个方面：农地城市转用的利用效率和收益分配的平等性。效率指的是稀缺资源的有效配置，即通过资源在各部门之间的配置使其利用效率达到最高，提高社会总体经济福利，一般用"帕累托效率"来界定资源配置的最佳状态，在这种状态下，资源配置不能在不降低任何一个人福利的情况下增加其他人的福利。平等性指的是农村土地所有者在农地城市转用过程中市场地位的平等性、交易过程的公正性以及最终在利益分配格局中的公平性。

农民的生存和发展与土地密切相关，土地是决定农民福利状况的重要因素。在快速城市化的进程中，在外在因素的作用下农民失去土地，同时促使农民生活环境和状态发生改变，原有的与农村生活相对应的"福利生态"[2]发生变化，兼顾平等与效率的新的农民福利生态的构建需要政府力量的介入，通过实现土地资源城乡配置的平等、效率，实现社会总福利的最大化。因此，社会公正是社会福利改善的前提。

---

① 汪振江：《农村土地产权与征地补偿问题研究》，中国人民大学出版社2008年版，第115页。
② 对应农民福利状况的经济、社会、文化综合环境。

一、农地城市转用的市场机制

从市场经济效率的目标来看，农业部门土地被转用为城市、工业部门土地符合生产要素根据其边际产出进行配置这一基本原理。在农业生产内部，土地的价值体现在其可以产出粮食等必需品来满足人类社会生产和发展的需要上。在城市化、工业化发展时期，与农业部门相比，土地的非农利用往往比农业的生产经营具有更高的边际要素生产率，因此，按照要素依照其边际收益在各部门间流动的一般规律，农地转变为非农用途合乎经济学效率的逻辑。

只要土地要素在非农领域的边际收益大于农地种植农产品的边际收益，市场机制若无障碍地发挥作用，就会有农地不断被转用到非农业部门。随着农地转用过程的持续进行，单位被转用农地的边际收益也逐渐递减，特别是由于农地资源的特殊性和人们对粮食需求的刚性，当农业生产技术进步带来单位土地产出率增加不能完全弥补农地数量减少所造成的农产品产量损失时，对农地的需求也会对农地减少起到抑制作用。实际情况是，由于农产品是关系到国计民生的战略性资源，政府通常不会任由市场来调节粮食产量，而是通过政府力量介入来加强农地保护。对于非市场力量对农地转用的作用将在下一部分详细说明。

假设土地开发活动不存在外部性，即土地利用具有市场有效性，比较土地资源在市场和规划两种方式下的配置机制和效率。如图2-7所示，土地资源总量为横轴OO'，农业用地需求曲线为D，非农建设用地需求曲线为D'，纵轴表示土地价格/效用。由于假设土地利用不存在外部性，那么D就是土地资源农业利用的边际效用曲线，D'也就是土地资源非农利用的边际效用曲线。

在完全竞争的市场价格机制下，最终形成的土地价格为P，无论土地资源配置到农业部门还是非农业部门，价格是相等的。如果土地资源农用和非农用的价格不一致，市场将继续进行调整，将OM部分的土地资源调整至O'M中来，或反之进行调整。通过以上分析可以看出，效率目标要求实现社会收入最大化。

市场机制作为土地资源配置的基本动力，仅作用于土地出让一级市场上，农地变性后，政府作为唯一合法供地方以市场方式向用地方供地。但在农地

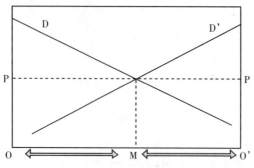

图 2-7　市场机制下的土地资源城乡配置

转用的第一个环节中，政府拥有合法的强制权力，土地征用的面积、补偿价格等完全由政府垄断，农地所有者没有讨价还价的权力。农地城市转用过程中，市场机制配置资源的作用仍然很弱。

土地转用增值来自土地生产要素在农业和非农业部门使用的比较利益，即土地资源由农业配置到非农业的土地边际收益。按照《土地管理法》相关规定，征地补偿主要包括三部分：土地补偿费、安置补偿费、青苗补偿费。法律规定征收耕地的土地补偿费，为该地块被征用前 3 年平均年产值的 6~10 倍。每一个需要安置的农业人口的安置补助费标准，为该耕地被征用前 3 年平均年产值的 4~6 倍，但是，每公顷被征收耕地的安置补助费最高不得超过被征收前 3 年平均年产值的 15 倍，同时规定，支付土地补偿费和安置补助费，尚不能使需要安置的农民保持原有生活水平的，可以增加安置补助费，但是，土地补偿费和安置补助费的总和不得超过土地被征收前 3 年平均年产值的 30 倍。

社会公正并不天然排斥收入差距，而是不能容忍由市场不公平竞争所带来的收入差距。由市场规则不公正、市场主体地位差异所引起的分配差距与社会公正的伦理追求是不相容的。土地不仅仅是一种稀缺的生产要素，作为一种不可再生的资源，其配置关系到人类社会的长期生存和可持续发展，因此不能以牺牲部分群体的福利为代价，片面追求经济利益。

二、市场失灵与政府规划

在完全竞争的市场经济中，价格机制自发调节可以提高资源的配置效率，上一小节分析了市场有效前提下的土地资源配置方式。然而事实上，市场并非总是有效，市场机制基于单纯经济效益运行，土地资源配置和利用活动存在高度的外部性，这是政府对土地利用进行规制和宏观调控的依据。对农地利用而言（无论是农用还是非农用），农地"开敞空间"价值、社会保障功能、粮食安全、资源环境效应等"外部性"在农地的市场交易过程中无法被内部化，将导致交易价格偏低，农地资源价值被低估，农业用地过量占用的结果，即农地城市转用存在"市场失灵"现象。黄少安（2008）的研究认为，无论外部性是正的还是负的，就社会总福利或资源配置效率而言，将其内部化总是比处于外部状态好。此外，土地利用还承载着提供公共物品的功能，市场失灵、公共物品特性决定了土地利用不可能按照完全竞争市场的假设依市场机制进行配置，需要政府的公共政策干预进行有效的调控。

外部性是指在以价格机制为基础的市场经济中，经济个体的行为对其他经济主体的效用函数或生产函数产生了影响，而不必为这种行为所施加的外部成本付出代价或因为外部收益而获得收入的状态。如果市场交易活动存在外部性，那么资源配置将偏离帕累托最优状态。如果缺少对于这种外部性进行补偿的交换机制，市场就是不完全的（尼克·汉利等，2005）。农地城市转用的外部性是指土地利用的个人边际收益、个人边际效用与社会边际收益、社会边际成本不符，使得受损者或受益者未能获得补偿或未承担相应成本的现象，学界对农地转用外部性进行了大量的分析和评价（孙海兵，2006；乔荣峰等，2006）。综合以上研究成果，本书认为，农地利用的外部性主要是农地的社会效益，即粮食安全功能、生态环境功能、社会保障功能。土地对于农民不仅有生产性功能，还有非生产性功能（钱忠好，2000），这种非生产性功能虽然会随着经济的发展而有所弱化，但只要农民群体还没有真正被纳入社会保障体系，只要非农产业还不能完全吸纳剩余劳动力使农民形成稳定的收入预期，农地利用的非生产性收益就仍然有意义。在生态环境保护功能方面，农用地具有调节气候、涵养水源、维护生物多样性等提供公共物品的功能。

在市场经济条件下，国家实现土地宏观调控的手段之一是土地利用规划，用以弥补"市场失灵"，实现国家战略目标对土地利用的干预。在现行农地转用政策体系中，我国政府针对土地市场失灵主要从数量、价格两个方面对土地转用规模进行调控。基于数量的政策工具主要有土地用途管制、土地利用总体规划、土地征收政策等，基于价格的手段主要有新增建设用地土地使用费、土地出让金、土地税收等。

在图 2-8 中，政府对土地资源配置进行规划干预，若政府选择了 N 点，即通过制度性规定将 ON 的土地配置到农业部门，将 O'N 的土地资源用于非农建设，市场将对这一配置格局做出反应。N 点具有法律强制力，市场必须接受。在非农建设用地供给为 O'N 的情况下，土地市场上非农建设用地价格为 P'，农业用地价格为 P，P'远高于 P。

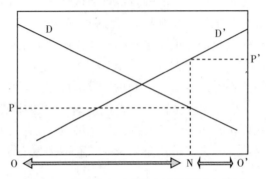

图 2-8　存在政府干预的土地资源城乡配置

比较图 2-7 和图 2-8 可以看出，市场配置和政府规划干预的差异在于，在完全竞争的市场配置条件下，土地市场最终形成的农业用地和非农业用地价格是相等的；在规划干预下，农业用地和非农用地将形成市场价格的差异。

从福利评价的角度看，两种土地资源配置机制的比较要以效用最大化为标准。通过图 2-9 来分析和比较两种配置方式的福利状况。在图 2-9 中，仍然用 D 和 D'分别表示农业和非农业的土地需求曲线，同时也是边际效用曲线，那么需求曲线 D 与横轴组成的部分为土地资源农业利用的总效用，D'与横轴组成的部分为非农土地利用的总效用。两种配置方式形成的配置格局将两条需求曲线与横轴组成的面积分割成六个部分，用①~⑥表示。在完全市场机制下，农地资源利用的总效用为①＋②，土地资源非农利用的总效用为③＋④＋⑤＋⑥，土地资源市场配置的总效用为①＋②＋③＋④＋⑤＋⑥。在政府规划配置下，农地利用总效用为①＋②＋④，非农建设利用效用为⑤＋⑥，土地资源政府规划配置的总效用为①＋②＋④＋⑤＋⑥。两种配置方式的比较显示，政府强制性规划配置相比市场配置方式出现了面积③的福利损失，损失了部分土地资源配置效率。在土地利用不存在外部性的假设下，土地资源市场配置方式优于政府规划配置方式。

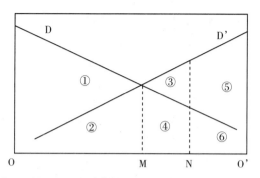

图 2-9 土地资源配置机制与福利损失

用图 2-10 来分析存在负外部性条件下的土地城乡配置。非农建设用地开发活动存在外部性，边际社会效用低于个人效用，边际社会效用曲线 MB 位于非农建设用地需求曲线下方。如果政府不加以干预，市场形成的均衡点是 E，此时的配置格局是 OM 用于农业生产，O'M 用于非农建设。农业利用的总效用为 D 曲线以下、EM 虚线以左构成的面积，非农建设用地利用的总效用为 MB 曲线以下、EM 虚线以右构成的面积。若政府规划将土地非农利用限制在 N 点，则相比先前配置方式能够找回阴影三角面积部分的福利损失。

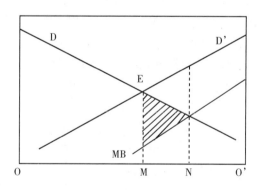

图 2-10 土地利用的负外部性与福利

土地的农地利用同时也具有正外部性，农业生产收益并不能完全反映农地利用的价值。在图 2-11 中，MB'线反映土地农业利用的社会收益。市场配置的均衡点在 E，而依照农地利用的社会效益，F 点才是土地农业利用和非农业利用的边际收益均衡点。在 E 点，土地农业利用效益和农地价格被低估。若政府规定农业领域的土地资源数量不得低于 ON，那么将创造图 2-11

阴影三角形面积的社会总福利效用。我国当前土地市场交易中，农地的外部性价格并未体现，征地补偿价格只反映在土地农业用途的经济价值上，农地作为自然资源和社会基础性资源的非经济价值未体现在征地补偿价格中，必然导致农地资源的不合理配置。

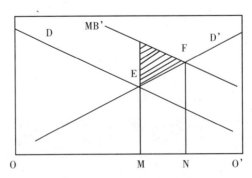

图2-11　土地利用的正外部性与福利

从图2-10、图2-11的分析可知，在土地资源配置存在市场失灵的情况下，政府通过规制手段对土地市场进行干预，是对市场机制的矫正，能够实现社会总福利的最大化。能否达到社会总体福利最大化的政策目标，关键取决于能否准确、全面地确定MB、MB'的形状和位置，需要全面评估土地农业、非农业利用的成本和效益。

农地城市转用过程中市场失灵和政府失灵的同时存在导致了我国农地资源城乡配置的低效率。市场失灵主要表现为农地的非市场价值未能在现有征地制度框架中得以体现；政府失灵一方面表现为土地制度供给不足，土地价格偏离市场机制、被严重扭曲，另一方面表现为土地治理乏力，中央政府和地方政府在土地资源配置、管理上的利益不一致和非合作。市场机制的基础性作用和政府的主导作用在农地城市转用中均未有效发挥作用。政府定价对土地市场价格的扭曲所造成的福利损失更为严重。

三、土地资源城乡配置的平等与效率

土地是社会经济发展的基础性资源，具有不可替代性和稀缺性。土地政策的目标是：①土地资源配置最优化；②土地利用的公平性；③土地资源可持续利用。城市化进程中土地资源配置的目标一方面在效率上要满足城市化、工业化对土地要素投入的要求，另一方面也要保证农业生产效率保持在一定水平。从这个意义上讲，农业、工业土地在城乡之间的配置结构是此消彼长、互为矛盾的关系。

农地城市转用的过程实质是农村土地产权转移到城市的过程，因此制度安排、转用程序的公正性对最终征地双方的公平性有决定性影响。政府政策的形成过程其实质是各利益集团的博弈，"利益集团带着政策的需求进入政治市场，政治家带着政策供给入场"（雷纳和科尔曼，2001）。低价征地，通过压低农村集体和农民获利空间推进低成本的城市化、工业化进程，农地所有者的市场主体地位未得到体现，在土地交易过程中不能通过程序和制度的公正性获得土地产权的兑现。现行不平等的征地制度安排，一方面，扭曲了土地价格，农地转用的社会成本没有体现，价格不能反映土地资源的稀缺性，造成了城市土地粗放利用，使用效率低；另一方面，对地方政府的寻租激励和监管缺位使得农地资源过度非农化，优质耕地大量流失，影响农业生产效率。

基于效率原则，在土地资源配置过程中应引入市场机制，促进资源使用效率最大化，增加土地转用带来的社会总体经济福利；基于平等原则，土地增值收益在城乡间合理、均衡分配，使农地转用所创造的社会财富在不同群体、不同地区分享，提高其福利水平，至少应达到不使农民群体的生活福利水平比被征地前降低。由于农用地和城市建设用地价格之间的巨大差异，在农地城市转用过程中，征地方和非农土地利用者的福利水平往往大幅增加，若征地补偿标准无法使农民、村集体保持原来的效用水平，而城市化带来的正效应（非农就业机会、公共服务等）又未能及时实现，那么农地所有权人的福利总是下降的。

经济增长与繁荣、公正、福利改善等目标是所有社会共同的价值追求，"价值间的冲突一般多见于短期。短期内冲突的价值从长期来看可能是互补的。就公共政策而言，这一点具有实践意义，即着眼于长远，并在一定程度上容忍短期冲突，有助于避免冲突并更好地实现人们的愿望"。[①]奥斯特罗姆（2000）则认为在发展中国家应把资源配置给较穷的人，因此，虽然效率准则规定稀缺资源应被用到其能生产最大纯收益的地方，但公平目标则可能缓减

---

① 柯武刚、史漫飞：《制度经济学——社会秩序与公共政策》，韩朝华译，商务印书馆2000年版，第87-88页。

这一目的，致使有利于特别是非常贫穷的人群的设施得到发展。[①] 这一表述认为资源配置的效率目标和公平目标是此消彼长的关系，如果将社会福利作为制度选择的效率目标，二者则作为影响最终变量的因子具有替代关系。我国农地非农化政策变革进程中对公平、效率这两个基本价值观的诉求正符合这一逻辑。为了在远期达到更高水平的公平，用过程的不公平取得城市化经济起飞的动力，经过较长时间的发展，使得城市经济实现繁荣，通过"反哺"来实现高水平、广范围甚至代际间的平等。

---

① 埃莉诺·奥斯特罗姆等：《制度激励与可持续发展》，毛寿龙译，上海三联书店2000年版，第109页。

第三章 制度结构与社会福利
—— 一个分析视角

在主流经济学的分析中，制度被作为稳定的背景要素而不加以特别讨论，但在经济转型特别是经济结构调整时期，这一稳定要素本身发生着变化，因此仅以投入—产出的计算来衡量经济效率或社会福利的改变是不妥的。资金、土地、劳动力等生产要素总是在一定的制度结构之下结合，所有权人也在这一制度下以既定规则对收益进行分配。因此，对效率、福利分配的考察不能狭窄地限定在竞争性市场机制所决定的体系内，应从交易规则的根源——制度角度进行考察。将制度作为经济增长的内生性因素加以考察，并探讨制度对于经济增长的作用是西方制度学派研究的核心问题。产权制度是一种基础性的制度，不仅它本身对经济效率有重要影响，而且还构成市场经济其他制度安排的制度基础。制度是经济运行的基础规则，一系列关于权力边界、交易费用等的规定直接影响资源配置效率以及个人福利和社会福利的改善，因此产权制度的界定应当以效率和平等的社会价值取向为基础。

一种资源具有多种属性，对于资源的制度安排一般包括所有、占有、使用、收益、转让等权能的权利束，制度结构（产权结构）则指上述权能之间的层级关系和有机组成，即在资源属性的多个所有者之间界定产权，也就是产权束的内容在社会不同经济主体之间界定程度。从现实中看，所有权性质相同或相似的制度安排之所以导致不同的产权效率和福利后果，正是由于具体制度结构的差异造成的。制度结构对社会福利的影响，是指制度安排通过界定经济主体在资源占有、使用中的权利、义务关系，影响资源配置效率和收益分配状况，进而对社会福利产生影响的过程。制度安排通过对经济主体的激励和约束来影响其行为，制度结构的差异决定了不同的社会福利格局。

第一节　经济效率与制度效率

现有文献对制度绩效的讨论将其定义在经济绩效上，实证研究多使用经济指标构造反映制度变迁及其效率的变量。资源配置的经济效率即微观经济主体在生产活动中可计量的生产要素投入—产出效益；制度的社会绩效则将制度安排作为内生要素考察，包括具体制度在可持续发展、生态和环境目标、利益主体公平性方面的影响。

20世纪60年代诺斯提出了制度效率的概念，指在一种约束机制下，市场主体的最大化行为将导致产出的增加；反之若市场主体的最大化行为不能导致产出的增加，则制度是非效率的。[1] 布坎南（1999）从主观主义、个人主义方法论出发，认为评价一个制度是否有效率的评价者只能是处在制度之中的市场个体——交易者，只要交易者对这种作为市场规则的制度取得一致认可，能够自由决策、达成契约和交易，那么这种制度就是有效率的，而无须其他客观主义的指标来检验。这一判断标准强调交易过程的一致性和交易者经济决策的自由，而不关注交易的结果。科斯则从交易成本概念出发，通过制度收益与制度成本的比较衡量制度效率。制度效率说明传统经济学中成本—收益核算的经济效率是在一定的具体制度结构下的效率。离开具体的制度结构，简单地从某种产出或收益来评价或比较经济效率高低进而判断社会福利是否进步是不合适的（万举，2010）。

科斯对于帕累托效率的论述与福利经济理论具有内在一致性：个人边际成本与社会边际成本相等时，不存在外部性，产值达到最大化均衡。由此可见，无论是福利经济理论还是制度经济理论，对资源配置优化的规定是一致的，即市场主体通过自由契约和交易行为追求收益和避免受损的过程。在这一过程中，制度安排应保证市场主体地位平等、权利界限清晰、交易费用降低，保证个人福利最大化的偏好表达机制。

---

① 诺思：《经济史中的结构与变迁》，陈郁、罗华平译，上海人民出版社1994年版，第225页。

制度规定了人们相互交往的规则①，对人类的行为产生约束和激励作用，因此制度评价的标准可以从社会个体的角度进行考量，如果从福利改善的角度评价制度效率，那么制度的效率由其对社会总福利的改善来衡量。研究任何一种制度安排的效率问题，必须将其置于相应的市场结构下；对于市场效率、经济效率的研究也不能离开产权结构，特别是对于转轨经济的研究来说，二者是不可或缺的。因此，研究城市化进程中土地资源配置的效率问题，也要将（产权）制度结构作为配置机制的前提，对土地资源配置的绩效问题进行经济与制度的二维考察：产权结构与市场结构是怎样相互作用并影响制度效率的。制度经济学派将（产权）制度看作影响资源配置效率和经济绩效的重要内生变量，并运用"交易成本"（Transaction Costs）这一分析工具力图说明制度安排最优结构的状态。根据产权经济学的解释，一种产权制度是否有效率，主要判断标准是看它在解决外部性问题上交易成本的大小②。

制度学派的研究将制度安排作为经济效率即资源配置效率的影响因素，并指出制度创新是提高资源配置效率、促进经济增长的有效手段。从现实中的经济实践来看，一方面，在其他条件相近的情况下，制度结构的差异对经济效率的确有重大影响，制度效率是经济效率得以实现的前提和基础。另一方面，经济效率的提升使得社会能够承担制度创新和制度变迁所带来的成本，在社会发展的目标上二者具有内在一致性，就是社会福利最大化。要使得二者协同发展以实现这一目标，首先要消除的是由制度安排不合理所造成的效率损失。

本书将制度效率分解为经济效率和社会效率两方面，将社会福利作为制度的总体绩效的衡量标准。制度安排的福利目标则是指在制度结构所决定的约束机制和激励机制下，参与者的最大化行为将导致社会整体福利的最大化。本章研究的制度结构与绩效指的是农村土地产权制度以及农地城市转用制度对城乡社会福利的影响。

---

① 柯武刚、史漫飞：《制度经济学——社会秩序与公共政策》，韩朝华译，商务印书馆2000年版，第35页。
② 赵晓雷：《产权制度效率与资源配置优化》，《生产力研究》1994年第5期。

第二节　帕累托最优的制度条件

埃斯沃奇盒子对帕累托最优的证明是在市场自由交易的条件下进行的，这一前提条件依赖一系列假设：不存在外部性、完全竞争、交易地位平等、交易成本为零等。现代制度经济学认为，在对效率的研究中若要考虑外部性、交易成本等因素，则必然要将与交易有关的制度因素引入考察范围，制度对经济主体行为选择有直接影响。例如，若要达到埃斯沃奇盒子契约曲线上的任一点，必须在产权明晰的交易主体之间、在完全竞争的市场机制下，交易双方自愿同意达成。新古典学派的经济学家认为，每个人是他自身利益的最好判断者，建立在自由财产权利基础上的市场机制，通过平等交易，达到帕累托最优的过程就是社会财富最大化的过程。当某种资源的交易在这种情况下进行时，市场主体以效用最大化为目标，通过收益与成本的比较做出交易决策，资源配置就会优化，社会福利将会得到改善。这一过程将交易简化为无摩擦的过程，当信息成本和交易成本不为零时，初始产权的界定将对交易效率产生影响，这也是科斯的交易成本理论所表达的含义。

一、帕累托标准与社会最优

福利经济学的两个定理从正反两方面证明了市场交易与帕累托最优之间的关系，福利经济学第一定理认为，在没有外部性、完全竞争、非公共物品、不存在规模经济的假设下，价格机制可以引导社会资源配置达到帕累托最优，这时会形成一组均衡价格使个人和社会的福利都达到最大。可以看出，福利经济学定理所阐述的均衡理论隐含的制度假设是界定清晰的私有产权。也就是说，在市场经济中，经济主体根据价格所传递的信号进行交易，资源会流向使用效率最高者，即最高出价者一旦资源配置给了最高出价者，就不存在其他的在不损害他人利益的情况下增加福利的情况。价格被认为聚集和传递了交易所需要的全部信息，同时，经济主体获取价格也不需要成本，可以无成本的在价格引导之下做出决策。因此，只有满足上述条件，才能保证价格机制所引导的资源配置是有效率的，能够达到帕累托最优。现实中搜寻价格不是无成本的，交易各方也并非都能获得决策所需要的完全信息。信息不完全可能导致个人决策的非理性，信息有限下的个人利益最大化并不必然导致社会利益的最大化。

因此，帕累托效率未必是社会最优，这种情况下社会福利状况也未必最优。关于交易者权利的界定是先于市场交易的，交换的帕累托标准并不能作为权利界定的衡量标准。在理想的交易费用为零的假设下，价格机制作为基础性作用的市场交易所达成的帕累托最优可以说是完美的，因为价格总是能够迅速地、自动地、无成本地传递所有信息引导追求个人利益的个人行为达到社会利益最大化。但现实中的交易不仅耗费成本，而且科斯（2003）指出，当这种成本特别高时，能够导致交易活动无法进行。在科斯看来，价格机制的运行并非零成本。在交易费用为正的条件下，价格机制促进资源配置达到帕累托最优状态受到了限制。科斯进一步指出，交易成本为正的条件下，合法权利的初始界定对资源配置效率将起到重要作用①。当交易费用为零时，交易双方可以无成本地协商达成各种契约安排，根据其利益需求界定各自的权利和义务，达到产出最大化的目的。但在正交易费用下，契约安排有可能因为过高的成本而无法达成，阻碍资源重新配置的交易行为。按照科斯的结论，任何一种权利界定都是需要成本的，交易费用为正的条件下，无论何种产权，都很难实现资源配置的帕累托最优，因此，问题就转化为如何找到一种费用较低的产权制度安排。德姆塞茨（1967）的研究进一步指出，产权结构是否有效率取决于其是否能够提供将外部性内在化的激励。私有产权条件下，制度安排为人们以产出最大化为目的使用资源提供激励，使针对外部性的谈判成本大大降低。这就意味着，即使考虑到正交易费用的情况，在市场自愿交易的条件下，私有产权相比其他产权结构也是最有效率的制度。

从上述分析可以看出，制度结构规定了经济主体的行为边界，对个体经济行为产生激励和约束。在资源禀赋相近且同样利用市场机制的情况下，不同的制度结构决定了不同的利益激励机制，从而导致最终资源配置结果的差异。

① ［美］科斯：《企业的性质》，载盛洪主编：《现代制度经济学》（上卷），北京大学出版社2003年版，第106页。

二、价格机制背后的不平等

上一节的分析指明了在交易费用不为零的现实世界里，帕累托最优所依赖的价格机制并不能引导资源配置达到社会福利最大化，社会福利包括两个维度：资源配置的效率以及平等，也就是价格机制不能引导资源配置达到制度绩效的最大化。本节讨论价格机制对收入分配公平性的影响。

前文指出，产权的界定是发生在市场交易之前的，也就是说，交易双方的经济主体是在具有一定的资源禀赋之后进入市场的。在零交易费用之下，人们通过市场交易调整其资源的结构和数量，最终达到全社会资源在各经济主体间的有效配置。人们通过竞价获得资源，谁的出价高，谁就能获得符合利益需要的商品的产权，市场上形成的均衡价格体现了人们的福利水平。在这一过程中，价格机制貌似体现了公平的竞争原则，但由于资源初始禀赋的差异，人们在市场上的竞价能力是不同的。也就是说，资源初始产权的界定，决定了交易各方讨价还价能力的强弱。下面结合埃思沃琪曲线说明我国农地非农转用过程中，农地产权初始界定对城乡福利的影响。

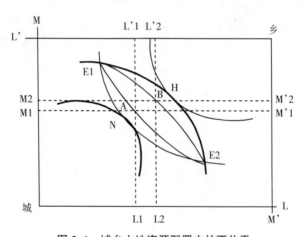

图 3-1　城乡土地资源配置中的不公平

从图 3-1 中初始禀赋点 E2 开始，通过交易使双方拥有的资源禀赋结构发生变化从而使双方福利得以改进，可能达到的帕累托最优点有无数个——契约曲线 NH 上的所有点。但是在不同的帕累托最优点上，城乡两方对应的收益分配状况、福利状态是不同的。以契约曲线上的 A、B 两点为例，在 A 点，城市拥有的资源和货币数量为（L1，M1），低于在 B 点的福利水平（L2，M2），而对农村来说则反之，在 A 点（L'1，M'1）比在 B 点（L'2，M'2）的福利水平高。在实际的交易中，最终达到契约曲线 NH 上的哪一个点，取决于交易双方的经济地位所决定的讨价还价能力，这种能力是由初始资源禀赋的拥有量决定的。讨价还价能力的强弱最终影响和决定了经济主体在社会财富分配中所占份额的差异和福利水平，影响收益分配的公平程度。

在交易开始之前，拥有较多财富的一方相对另一方具有更强的讨价还价能力。在城乡土地转用的交易中，假设城乡双方就农地是否出让展开谈判，此时，拥有较多财富存量的一方往往具有更大的选择空间，因为如果其对交易价格不满意，可以继续在市场上搜寻其他的卖者（或买者），直到找到符合其效用函数和利益需求的交易方为止。而在财富存量上处于劣势的一方并不具有这种优势，迫于生存的需要，他们往往急于达成交易，即使偏离其效用函数，也会接受一个不符合其意愿的价格达成交易。因此，现实中达成的交易，并不是像埃思沃琪盒子所推论的那样——总能使双方都达到福利的改进。最终达成的交易结果，取决于既定的初始资源禀赋条件。如果交易双方在初始产权界定方面存在这种差异，那么随着交易的进行这种差异将被强化，形成强者越强、弱者越弱的不平等局面，导致利益分配不公正现象越来越严重。在城乡土地转用中，显然征地方无论是制度支持上还是选择空间上，谈判能力都远远高于农村土地所有方（无论是村集体还是农户个体），农户由于没有选择买方——征地方的权力，也无力承担搜寻其他买主的成本，往往只能并不情愿地接受较低的征地价格，农地城市转用的收益大多被城市占有，福利分配的城市倾向越来越严重。当这种利益分配差异超出了人们价值判断和无法忍耐的界限，这种产权初始界定就将成为社会不安定的根源，在发生社会动荡时，将严重削弱经济增长所带来的效率收益，阻碍社会整体福利的实现。

由上述分析可知，即使在交易费用为零的条件下，仅依靠价格机制也并非能够实现社会福利的最大化。经济主体所拥有的产权的初始界定对于个人福利和社会总体福利的实现影响都是重大的。在图 3-1 中，从 E1 和 E2 点出发，都能达到契约点 A，即从不同的资源禀赋点出发，都能够达到相同的帕累托最优状态，也就是说同一种资源配置状态可能由不同的初始产权界定通过交易达成，传统理论并未指出这种结果是什么原因造成的，即默认一定的资源禀赋产权界定为前提，以此为基础讨论资源配置效率和产出增加问题，回避交易双方资源禀赋差异的问题。通过我们的分析可以看出，在这种假设下，社会财富的增加只能被处于谈判能力强势一方的少数人占有，加剧了社会收益分配不平等进而造成贫富差距现象。因此，如果回避初始产权界定的合法性问题，将可能忽视一部分人对另一部分人的利益侵犯问题。建立在不公正、不平等的初始产权结构下的市场交易，最终结果将是不能促进社会整体福利的提高。

三、资源配置方式与产权制度效率

从制度结构对效率的影响来看，资源配置的效率取决于两个方面：投入—产出的经济效率，产权交易的制度效率。与此相对应，经济活动所耗费的成本可以分为生产成本和交易成本。科斯（1994）的理论提示我们，在研究稀缺资源配置的利益最大化问题时，不能只考虑价格—成本核算，也要关注产权制度的结构，其中的关键要素就是交易成本，由于交易成本的存在，"合法权利的初始界定"会导致不同的资源配置效率[①]，"合法权利的初始界定"即制度的结构。如果不考虑交易成本，初始权利如何界定都不会对资源配置的最终效率产生影响，那么组织、法律、制度等都没有存在的必要。

科斯在《企业的性质》一文中指出，企业的存在是为了将市场交易所耗费的成本内部化以节约交易费用而出现的组织，将一部分稀缺性资源要素的配置和生产纳入一种行政的统一调配体系中，构成对市场交换的代替。这一观点也揭示出了资源配置的两种机制：一种是市场机制，资源配置以完全竞争的市场价格为信号，交易双方基于平等、互利、自愿的原则进行讨价还价最终达成交换协议；另一种是行政调配机制，资源配置遵循指令进行。科斯进一步指出，企业的存在及其规模取决于这种组织对交易成本的节约程度。

但是，组织内部通过行政调配机制进行配置资源也是有成本的。相对于市场交换中发现价格及交易对象、讨价还价、契约的制定及其履约监督，组织内部进行资源调配所进行的交易属于康芒斯（1997）所指的"管理的交易"，主要是集中决策体制及其内部监督所耗费的成本，以及委托—代理成

---

① 与此相反，如果不考虑交易费用，无论对合法权利如何界定都不影响经济效率。这样一来，不仅没有企业存在的必要，甚至法律制度也无存在的必要。详细阐述见科斯：《论生产的制度结构》，上海三联书店出版社 1994 年版，第 285 页。

本。由此可以看出，采用行政调配机制还是市场机制的边界在于二者所耗费的成本，即行政调配机制是用较低的内部组织成本代替了较高的市场交易成本。若一种资源的配置需要两种机制相结合，那么两种配置机制均衡的点就是二者边际费用相等的点。

政府也是一种行政调配机制的组织形式，政府所颁布的法律法规显示了政府行为的边界和规模的大小。计划经济体制的政府对几乎所有的社会资源拥有直接支配权，甚至包括个人的劳动力，此时"政府是一个超级企业"。[①]从企业到政府，行政调配的资源控制范围在扩大，控制强度在上升。从范围上看，"在企业内部组织交易的行政成本也许很高，尤其是当许多不同活动集中在单个组织的控制之下更是如此……其行政成本可能如此之高，以至于在一个企业范围内解决这个问题的任何企图都是不可能的，一种替代的办法就是政府的直接管制"[②]。从控制强度看，企业中契约的达成基于私人协议，而政府行政指令具有法定的强制力，具有权威性和命令性，"这种权威性方法可以省去许多麻烦（就组织中的行为而言）"[③]，即大量节约协商和交易费用。

第三节　制度结构对社会福利的影响机制
——产权结构变动对社会福利的影响

从前述分析可以看出，制度结构作为市场运行的外部环境，对于经济体系运行的绩效至关重要。制度一方面直接影响经济主体的行为抉择，另一方面通过制度环境间接影响经济行为。制度结构是制度的具体化，具体的制度安排提供了经济主体可选择的行为空间。第一，制度结构决定了经济主体决策和行为的权利集合及约束，即制度规定了每个行为主体能做什么，不能做什么；第二，制度结构规定了经济主体之间的利益关系，即制度划定了行为主体之间的权利边界，经济主体必须在其权利边界之内行事，这实际上决定了人们获取利益的方式，产权结构成为收益分配的依据；第三，制度通过利益的诱导性和行为的约束性，为行为主体提供激励和预期，在产权规则之下，人们的获利行为有了保证，这会激励人们调整自身行为使其与收益预期保持

①②③ 盛洪：《现代制度经济学》，中国发展出版社 2009 年版，第 159-161 页。

一致，以提高资源配置效率。

此外，产权结构的界定对财富收入流也将起决定性作用。产权首先决定了经济主体对资源的占有情况，即资源禀赋的分布状态，也就是每个行为主体对于资源的权利义务关系。因此，产权结构实际上是规定了经济主体对于稀缺资源的经济和社会关系及相应的地位，财产权利的配置被公认为是对资源使用和福利分配产生重要影响。经济主体在市场中的关系和地位决定了其获取资源的方式和最终所能获得收益的数量，也就决定了各行为主体最终的资源配置和收益分配状况，从而影响个人福利和社会总体福利。产权结构对社会福利的影响机制可以从图 3-2 看出：

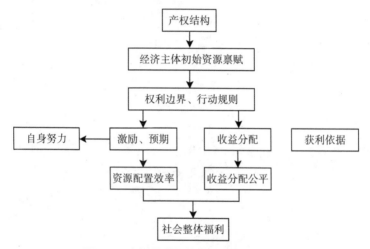

图 3-2　产权制度结构对社会福利的影响

公平的收益分配格局的形成有赖于合理地界定不同产权主体之间的责、权、利关系，产权结构一经界定，必然对资源配置效率和收益分配状态产生影响，由此增进或降低社会整体福利水平。"制度对经济绩效的影响是无可非议的，不同时期经济绩效的差异很大程度上受到制度演进方式的影响也是无可争议的"。①

由前述章节分析可知，不同社会福利函数的选择反映公共选择者对不同

---

① ［美］道格拉斯·C.诺思：《制度、意识形态和经济绩效》，载 ［美］詹姆斯·A.道等：《发展经济学的革命》，黄祖辉等译，上海三联书店 2000 年版，第 110 页。

利益群体福利权重的分配。而社会福利函数能否反映真实的社会福利状况，则取决于社会福利函数与权力结构的匹配程度。Bromley（1978）指出，自由市场"正常的讨价还价（或交易）并不必然导致社会福利最大化，这需要社会福利函数与权利结构紧密一致"。但要实际达到这一条件难度很大，正是权利结构决定了交易的特性从而决定了"最优"结果（Bromley，1978）。制度决策者所选择的社会福利函数决定了社会效用函数，从而也决定了制度效率的社会评判标准。

在土地由农村向城市的转用过程中，土地产权转移、用途变更释放出新的利益空间，是符合经济效率标准的制度安排。土地使用规制及关于土地产权的制度安排决定了利益相关各方对土地新增收益的合法占有状况，进而决定了个人福利和社会福利的变化状况。这一过程中，各利益主体的话语权和力量对比将对福利格局产生决定性影响。土地不仅是一种具有稀缺性的生产要素资源，也是财富增长的重要源泉[①]，这一性质决定了对土地占有的重新分配是一种市场获利机会的再分配，具有初始资源禀赋调整、财产再分配的性质。征地制度安排直接决定了人们的生活质量和获利机会的可能性，势必对利益相关主体的经济预期和福利产生影响。因此，制度安排的社会绩效要求注重收益分配的公平性，至少不应使利益相关主体现有生活水平发生下降。

同时也要注意，短期的个人福利最大化并不必定导致长期的社会福利最大化。个人目标与社会目标的不一致，导致了个人效用函数与社会效用函数的差异，理性人的行为最大化是追求自身利益最大化。个人福利最大化行为与社会福利最大化目标之间若有冲突，那么就会出现经济行为的个人理性与社会理性的不一致，此时制度变迁的目标应是通过调整激励，重新界定人的权利界限和行为规则，通过权利结构等规则激励个体行为符合社会目标，使不同经济主体的理性预期和目标趋于一致，推动社会福利改进的良性循环和经济可持续发展。

产权结构转变影响产出，同时产权界定和实施需要耗费成本，生产要素价格变动对要素供给和财富（收益）分配状态产生影响。Furubotn（1987）对公共土地进行大规模私有化例子的研究结果表明，若假定界定和实施排他性私有产权的成本小于私有产权带来的产出收益，那么产权结构变动就将引起

---

① 丹宁格：《促进增长与缓减贫困的土地政策》，贺达水等译，中国人民大学出版社 2007 年版，第 16 页。

生产可能性边界的外移①。制度效率对社会福利的短期影响是：在既定的技术水平下，制度安排通过对产权的配置和执行方式、收益的分配进行规制，对应着一定水平的交易费用，从而决定了资源配置的总收益和分配状况。长期影响则表现为：通过制度变迁产生新的激励、约束条件，使资源配置与福利最大化目标激励相容。

制度结构不仅决定了如何做出决策和选择，还决定了如何估算这些选择的效果②。真正的社会效率要求所有在结构中有利害关系的各方拥有一个考虑这些利益的机会（布罗姆利，2007），制度安排通过降低交易的不确定性、交易费用，确立经济个体市场主体地位的平等性"得以提高"。决策参与的制度设计让交易双方表达各自的效用函数和偏好，社会整体福利最大化取向的公共政策设计获得的公众评价的满意度也较高。

资源配置的经济效率最大化，不涉及"谁来使用""谁人获益"的问题。而社会福利标准作为资源配置制度安排的评价标准，必然涉及价值标准问题，此时的效率不仅是经济指标，而且是基于一定的价值标准之上的判断。产权还将通过收入分配效应对福利产生影响。产权结构是指资源的占有、使用、收益等权利在不同经济主体之间的分配，产权结构的不同界定会导致收入分配的差异。制度通过对经济主体的一系列权利进行规定，对收益分配、福利改善产生影响。制度效率就是通过对市场中人们的交易和生产行为提供一系列关于权利、责任的约束和规定，使资源使用效率最高，同时保证市场交易的公正性。社会效用函数来自社会福利函数的选择，社会福利函数影响因素的取舍则表达了不同的制度结构。只包含生产效率和包括生产效率与社会效率的社会效用函数表达了制度设定者对利益群体的权利划分。不同的政策目标导致了不同的社会效用函数，如图 3-3 所示，E 与 E'点分别是在两个政策目标下的有效率点，一种政策使经济效率达到最高，而另一种政策导致不同的经济产出、收入分配和经济机会分配。

对某种物品拥有产权意味着不仅能够从该产权中获得直接效用，也能够占有和支配来自该产权的使用或转让所产生的收益。因此，对产权的保护是经济主体收益最大化、进而福利最大化的制度前提。人们仅能从受保护的产

---

① Eirik G. Furubotn, "Privatizing the Commons.Comment and Note", *Southern Economic Journal*, Vol. 54, No.1, 1987, pp.219-224.

② 布罗姆利：《经济利益与经济制度——公共政策的理论基础》，陈郁等译，上海人民出版社 2007 年版，第 183 页。

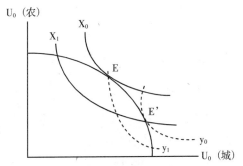

图 3-3 社会效用函数与福利分配

权中获得收益，攫取的产权也能增加收益。产权的重构即产权的重新配置是增加经济总量的因素之一。产权的调整方式有两种，市场机制和非市场机制。自愿、平等的市场交易即市场机制，通过政府力量进行的则是非市场机制，"征用"就是一种典型的利用政府强制力进行产权重构的非市场行为，政府一般出于公共利益的名义，将财产转变为国家所有，同时给予被征用者一定补偿。从产权重构对资源有效配置的理论意义上来看，国家政府宏观层面通过征用手段进行干预，是有利于社会经济总量的增长和社会整体福利的增加的，当然这一结果需要的前提是政府是理性的。

　　制度（效率）的福利目标在于：在一种制度安排所决定的约束机制和激励机制下，参与者的最大化行为导致社会福利的最大化。经济个体实现福利最大化的机制就是在一定的约束条件下追求收益最大化和成本最小化的理性选择，在现代经济社会中，约束条件由一系列关于权利、义务、责任规定的制度构成，制度安排决定了对个人行为的激励、市场发育程度和经济人的理性程度。对于经济结构转型期的经济体而言，制度具有重要作用。城市化所带来的经济增长最重要的组成部分，就是土地生产要素由低生产率的农业向高生产率的工商、服务业的转用所带来的产出率的大幅提升。农地转用收益分配的公平性直接影响制度运行成本、政策评价和福利感受。城市化进程中，土地制度通过对要素相对价格的规定影响各方经济收益和福利状况。征地补偿价格的具体水准与当地经济发展阶段、物价水平、劳动力素质及农业水平等社会、经济、文化甚至心理等多方面因素相关，因此难以划定统一标准。从个人是其福利状况的最好评判者角度看，应坚信在信息对称、程序公平条件下的自愿交易对交易双方都是帕累托改进这一市场机制的基本信条。

第四节　现行土地制度：偏好、目标、激励与效率

　　农村土地产权制度是指"界定各个权益主体，包括国家、法人、自然人、非法人的组织等在农村土地利用方面的地位及其社会经济关系的系统规范；由此决定的农村土地产权分离格局则具体规定了各个权益主体与那些农村土地运作相关的行为规范"[①]。城市化的兴起带来土地制度环境的变化，李建建（2002）认为，不同的土地制度和配置方式决定着不同的土地产出率，不同的土地供给方式可以对市场产生抑制或鼓励作用。我国城市化扩张带来的用地需求增长一般通过农地转用得以满足。土地作为一种具有不可再生性的稀缺生产资源，投入农业和投入工业、商业具有显著的产出差异，土地资源工农业级差收益构成农地城市转用增值空间。在农地转用过程中，土地制度体现为城乡不同权力主体在土地交易中的市场地位、决策权、收益分配权。在我国，城市化进程中土地资源在城市和乡村重新配置的实现决定于土地征收这一制度安排。政府是土地一级市场的唯一合法供给者，农民不具有非农用地流转的合法地位和途径。目前，土地征收是城市化进程中满足用地需求的主要方式，虽然某些地方开始了集体建设用地入市的试点，以及存在非法的集体建设用地入市的现象，但后者仍未成为解决城市化、工业化用地需求的主流。

　　在我国的计划经济初期，我国土地实行无偿、无限期、无流动的"三无"制度，这种情况下土地没有资产收益分配的功能，土地资产价值未显化，人们在心理感受上对农村土地和城市土地的评价并无差别。1990年，国家颁布《中华人民共和国城镇国有土地使用权出让和转让暂行条例》，国有土地自此实行有偿、有限期、有流动的"三有"政策，国家和集体所有的产权差别开始显现。《土地管理法》等相关法律规定，农民集体建设用地使用权要入市必须先征为国有，这样的制度安排的初衷是保护农地不被过度非农化，但在实际进行中由于地方政府自身激励，农民利益往往受到侵犯。

　　征地补偿标准依照农村土地的农业用途按产值补偿，农村集体所有的土

[①] 杜伟、黄善明：《失地农民权益保障的经济学研究》，科学出版社2009年版，第34页。

地权益没有得到补偿。其中争议最大的部分，就是地方政府以公权力代理人的身份按照农地补偿价格将农村集体所有土地转为国有，以国有土地所有者的身份取得并支配农地转用所产生的增值收益，农村集体和农民在这一过程中丧失了对土地增值的收益权，造成农村土地财产权利的受损。短时期的低成本用地给政府和用地单位都带来了额外的交易成本：补偿标准过低，容易引起农民的不合作，或者引发征地方和农民无休止的讨价还价过程，长时间的谈判发生谈判成本；或者最终谈判破裂，征地方借助强制性权力征地，虽然能够低价获得土地，但由此引发的农民上访、上诉也构成了土地征用的交易成本。

一、农民、政府偏好与制度激励

我国农地城市转用分为征用和出让两个阶段，涉及中央政府、地方政府、村集体（农户）三方利益主体。如表 3-1 所示，村集体作为农村土地所有者，行使农地管理职能，在农地转用中，集体所有权转移至国家，村集体虽然拥有农地所有权，在所有权转让过程中却没有议价权，对村集体因失去农地产权而进行的补偿以原有用途的 5~10 倍为标准，没有体现土地的财产增值收益。在土地出让市场中，农地已变性为非农用地，中央政府是唯一供地方，按照非农用地边际收益的市场规律向用地方供地，出让土地使用权。地方政府通过土地征用强制力降低了用地成本，对农村集体所有土地产权无须做出补偿，但农地变性后却获得体现国家土地所有权收益的土地出让金，这一收益实质是农地征用制度的制度租。

制度对经济主体行为产生激励和约束。农地资源转用过程中，农民、地方政府和中央政府有不同的目标效用函数，现行制度安排对三方产生不同的激励，通过表 3-1 来分析农地资源转用中农民、政府双方各自的偏好、目标和激励。

表 3-1　农地资源城市转用中农民和政府的偏好、目标及其激励

	中央政府	地方政府	农户
目标	社会福利最大化	地方预算、土地租金最大化	个人福利最大化
偏好	保护农地，经济、生态、长期可持续发展	部门福利	收入最大化、生活状况改善

续表

	中央政府	地方政府	农户
激励	兼顾公平与效率	多卖地	货币与非货币补偿
行为	以行政手段确保农地面积不减少，农户生活不降低，满足城市化用地需求	尽量扩大征地范围，牟取制度租和推动地方经济发展并重	通过讨价还价、拖延、抗争提高补偿安置标准

中央政府作为最高权力机构，在为城市化提供政策保障的同时，也要兼顾社会稳定和发展这一大局，因此，作为中央政府，其目标函数不仅包括城市化扩张、经济增长，也包括农村发展、农民生活改善、土地收益分配公正等，即兼顾平等与效率的社会福利最大化。同时，通过土地宏观调控在满足经济发展用地需求的同时，保护和增加土地的非经济价值的产出也是政府行为的目标之一。这部分价值的保护对经济个体没有激励，因此通过将农地城市转用权利的国有化来防止农地的过度非农化，同时限制了农村集体土地的非农使用权利。虽然土地资源非经济价值的衡量难以准确确认，但中央政府相比其他经济主体更加具有采取保护措施的动力、能力和理性，能够保证社会整体福利不受损害及其公平性。

农村土地所有者（代理人）与地方政府是城市化进程中土地增值收益分配的直接博弈双方，两方都争取在增值中占有尽量大的份额。地方政府偏好任期内预算最大化，土地征用和出让的"剪刀差"激励其尽量压低征地补偿款，并有多征地的激励；农地所有者作为理性经济人，作为土地出让一方，希望最大限度地兑现土地产权及其权益。

在现行土地管理体制下，地方政府既是土地资源（包括城市土地和农村土地）的管理者，又是土地所有权的实际行为主体，管理者和所有者的双重身份使地方政府具有经济利益最大化和政治利益最大化的双重动力，而且这两种目标在短期内可以实现相互强化的作用，在这种目标激励下，地方政府行为不可避免地出现偏差。农地城市转用中，地方政府与中央政府是委托—代理关系，是具有一定行政权力的行为主体，但地方政府并非中央政府全局利益的代表，他们具有各自的目标利益函数。作为土地交易过程中的理性经济人，土地是地方政府拥有的最大资产之一，从地方政府低价征地以低成本推进工业化、城市化的行为可以看出，地方政府希望通过土地资产的运作实现自身利益最大化，以解决地方经济发展过程中的资金短缺问题。

在现行制度设计下，没有对地方政府过度征地的惩罚机制，其违规征地的风险成本为零。相关研究显示，按照 2005 年的市场价格计算，地方政府每违规推进 1 平方米的农地非农化，在不计入农地其他外部性价值的情况下，地方政府仅仅依靠制度就能获得 0.5891 亿元的违规收益，形成"违规风险极低，违规收益极高"的局面[①]。部分地方政府以城市发展为名，通过滥用征地权违法挤占农民土地收益，并以此作为增加地方财政收入的主要手段。地方政府主要以租、税、费形式取得土地转让收益，具体形式和名目繁多，将集体土地征收为国家所有，再进行转让的过程，地方政府存在巨大的利益空间，使得土地对于地方财政具有"第二财政"的地位。据国土资源部的统计，仅 2008~2009 年，地方政府每年获得的土地出让净收益逾 4000 亿元。再加上地方政府政绩目标的激励，违法征地、多圈多占，以地生财就成为地方政府的行为选择，部分地方政府尽量压低补偿标准，争相以低价用地甚至零地价作为招商引资的优惠条件，追求政绩工程以实现政治利益最大化。据国土资源部 2011 年的调查显示，全国 43 个城市闲置土地近 9 万亩，各地政府"征而不用"现象突出，这也是由征地补偿标准过低造成的。征地补偿费用越低，土地开发利用的延迟成本越低，地方政府就有更大的动力利用低成本征用的政策空间多征地、多圈地，造成土地资源的闲置、浪费。"征而不用""征而迟用"是地方政府作为土地市场博弈中的逐利方，等待最佳开发时机、追求其自身利益最大化的表现。

农村土地所有者——农村集体组织及村民也是农地城市转用中的一个重要行为主体，村集体与村民之间也存在委托—代理关系。在农地征收补偿环节，一般是将补偿费支付给村集体，由村集体统一决定分配方式和留存比例，在缺乏监督的情况下，这就成为了部分村干部谋利的动机。由于集体经济组织和村民自治组织的同构性，村干部不仅是农民利益的"代言人"，在落实上级部门、机构交办的各项工作时，又成为党和政府领导权力的化身，"上面千条线，下边一根针"是对这种现实的形象描述。在依然崇尚数字、政绩的考核机制下，这些"代言人"容易被强权势力左右，再加上监督机制的不完善，使得决策权实际落入少数人手中，村民自治组织这一反映民意的渠道和平台形同虚设。在涉及土地利益的调整和博弈中，自上而下的行政权力的惯性、

---

① 杨志荣、吴次芳：《制度收益与发展收益对农地非农化进程的影响差异及其对政策调整的启示》，《中国土地科学》，2008 年 2 月。

村干部个人寻租空间的激励，促使这些"代言人"改变立场。土地征用和拍卖之间存在的巨大差价，让不同层级的利益集团能够从中获利，这就使各级政府、企业、村干部之间具有了高度一致的共同利益。在土地征用中，征用方往往倾向与土地所有者的集体经济组织（的代理人）谈判而避免与村民或村民代表谈判，相对较低的"公关"成本与议价结果的巨大差异是其中的奥秘所在。这种对农民土地权益的侵占，激发了农民通过以"小产权房"形式为代表的其他途径寻求土地用途转换的收益，以这些形式获得的收益往往高于政府的征地补偿。

中央与地方政府的目标不一致，成本函数不一致。对征地方（地方政府）来说，土地投入成本低于潜在社会成本，土地转用后的收益只要高于其投入成本就是经济的，这必然导致土地的粗放利用、过度利用。现行土地管理体系的设计缺少对地方政府土地征用权力的监督，缺乏集约、节约用地的激励，中央土地宏观调控的制度目标难以实现，使得土地这一重要的经济资源无法有效配置。同时农民土地权益缺乏制度和机制的保障，权益受损成为必然结局。城市化进程中，政府对土地收入流有影响力且不承担全部成本，因此土地资产价值被低估。

农地向城市转用符合城乡双方的利益诉求，但现行制度的交易规则决定了剩余分配的设计，由此导致的激励使征地双方做出不利于社会偏好（目标）的选择。因此，实现土地资产净值的最大化，需要建立能够有效约束这种无补偿利用的所有权形式的机制，制度设计者应通过增加符合其偏好/利益的选择集，进行制度创新和制度变迁以增加社会总福利。

二、农地城市转用的产权结构及其收益分配结构

现有土地产权结构下，农村土地所有权归农村集体所有，农村土地产权收益归农村集体和村民所有，则村民从农村土地中获得的收益为农地农业生产所得与村集体利用土地收益所提供的社区公共产品。对征地权的规定使得农地城市转用的变性所得归国家所有，农村集体和农民只能按照土地农用的收益标准获得相应补偿，农地非农化后的增值收益与他们无关。农民从农地变性中所能直接获得的收益或效用为国家对农村公共物品的投入。现有补偿机制下，农户（农村集体）对农地价值的权利最高以补偿标准为限，地方政府通过征地权获得控制价格与出让边际收益之间的差额，通过运用公共（强

制）权力和支付最低补偿标准，地方政府可以获得土地所有权。

从产权经济学的意义上来讲，土地的使用权与转让权体现的是不同的经济关系。使用权意味着对利用土地所产生的收益的占有权，转让权则是包括土地以及附加在土地上的所有权利的转移。因此，土地使用权的清晰并不意味着转让权的清晰，产权划分的不清晰必然导致流转的阻碍，产权的可转让性是产权可实现性的主要标志，市场机制下农地产权可转让性的充分实现才能达到资源有效配置。反之，若产权可转让性的实现受到限制或在非市场机制下进行，则可能导致缺乏有效竞争，农地资源流动无序配置。产权的界定发生在交易过程中（巴泽尔，1997），农地产权结构的调整很难达到纯粹的"帕累托改进"，这一过程中不可避免会有部分群体利益受损，应通过建立公正合理的补偿机制，在增加社会经济收益的同时弥补受损者的损失。

第五节　城市化目标：城乡居民福利最大化

城市化进程带来土地制度环境的改变，农地转用带来土地利润增值空间，这一新增收益的分配构成城乡整体福利的增长空间，城乡双方对这部分收益的攫取能力决定了新的福利格局。

农地转用的制度绩效体现在如下几个方面：通过农地资源的优化配置，满足城市化、工业化用地需求，同时农业生产效率不断提高，维持国民经济的可持续发展、农民生活水平改善，城乡福利水平的提高。具体的指标可分解为：土地使用效率、土地增值收益分配的公正性、城乡经济机会的平等。如果将社会福利最大化作为农地城市转用制度效率的判断标准，就要将农地转用相关政策的评价从制度效率引申到福利标准。

一、城乡土地资源配置的福利分析

构造土地资源城乡配置的艾奇沃斯曲线如图 3-4 所示。交易双方分别为农村 O、城市 O'，该图由分别代表城市和农村的两套无差异曲线构成，OL = O'L'，表示城市化进程中可转用（农地非农化）的土地资源总量；OM = O'M'，表示农地转用后的货币总收益。OL 上任一点表示农村农用土地

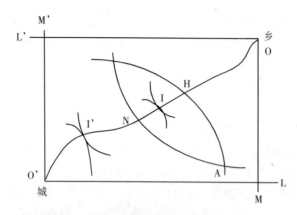

图3-4　土地资源城乡配置的艾奇沃斯曲线

资源数量，O'L'表示城市获得的农地转用数量；OM表示农民获得的土地增值收益数额，O'M'表示城市占有的土地生产要素产出数额。盒状图内任一点对应表示土地资源、货币在城市和农村的一种特定分配状态。

两组无差异曲线切点的连线OO'称为契约线，契约线上任一点，两种物品——土地资源、货币的MRS对交易双方——城市、农村是相等的，即双方对土地、货币的边际替代率的（主观）评价相等。也就是说，契约线OO'表示了交易双方具有平等的市场主体地位和对等的讨价还价能力情况下资源达成交易的所有可能状态。

假定资源禀赋初始状况如A点所示，土地资源大部分在农村，城市则具有农地非农化后的增值潜力。在交易双方权利均衡的情况下，移至契约线上N与H之间的任何一点，交易双方的状况都可以得到改善，在自由的市场经济下，双方将在I点达成契约。如果移至N点，则对于O（农村）来说停留在初始的无差异曲线上，O'从较低的无差异曲线移到较高的无差异曲线上，O'福利状况得到改善，O状况保持不变。若从A点恰好移至H点，福利变动状况反之。因此，当从A点移至契约线N至H上某一点后（包括N点和H点），都可以至少在不使一方状况恶化的情况下改善另一方的处境，从而提高社会总福利水平。N-H区间是在公正的市场机制下，自由交易能够达成的社会总福利改善可能区间。但在现实农地转用过程中，我国采用"征用补偿"制度，并且补偿标准普遍低于农民土地边际评价，因此加入"强制"征地因素后，征地收益分配与土地资源在城乡间的配置状况一般处于AN无差异曲线左下方，假设强制征地制度下，城市福利最大化点最后位于I'点，那么城市福利得到正向改善，农村福利显著恶化。

图 3-5 显示了土地要素社会生产可能性边界与两组社会福利函数选择下的无差异曲线组。X_i 为城乡均衡的社会福利函数所对应的社会无差异曲线，Y_i 曲线组为偏向于城市的社会福利函数所对应的无差异曲线。根据图3-4 的分析可知，I 为公正的市场交易机制下的社会福利最大化点，在"强制"征地因素下，I'点达到了城市福利最大化，但相比选择城乡均衡的社会福利函数处于较低的无差异曲线上。

因此，制度结构（产权结构）对交易均衡结果有直接影响，对社会福利分配有直接影响；从一般意义上的生产要素投入—产出讨论帕累托效率对社会福利的影响意义不大，社会函数的选择取决于制度结构所决定的产权结构。城市化、工业化倾向的农地城市转用制度安排，决定了社会福利函数选择偏离城乡均衡而进行低价征地，通过挤压农村福利空间推动了城市经济的快速增长。因此，城乡福利状况的相对改善有赖于土地制度结构的调整。

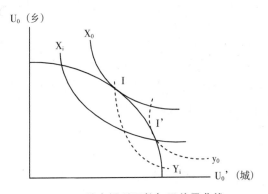

图 3-5 社会福利函数与无差异曲线

二、城乡土地制度结构的福利影响

在农地城市转用的制度结构与福利影响问题上，关键是政策目标与经济主体的利益一致性问题。科斯定理无疑是对经济主体行为动机的精辟揭示：所有者会最大限度地将与其自身利益一致的收益、成本内在化，以价值最大化的方式做出资源使用的决策，这种决策一般是能够使其产权的现期价值最大化的方式。农地城市转用过程所涉及的经济主体也处在这样的利益驱动机制下，资源保护、粮食安全、环境问题这些土地资源利用的外部性问题无论对于地方政府还是农户，都不能带来现期利益的激励，因此这两方并无直接动力阻止农地过度非农化。公平、公正是国家政策的内在价值目标之一，社会经济可持续发展、政治稳定的执政目标也会为国家提供将外部性内部化的激励，中央政府有义务也有动力对不同群体、不同地区以及代际之间的福利进行平衡。因此，农地城市转用的"终极"权力，即农地非农化的权利，必须界定给国家，政府内在目标与土地资源城乡配置的福利最大化目标具有一致性。国家通过规划、法律、政策等宏观调控手段行使非农化产权。农地城市转用过程中的土地制度绩效主要体现在通过制度调整和创新，减少交易成本、降低信息成本，创造平等议价的市场条件，以提高城乡整体社会福利水平。

汪丁丁（1992）曾经指出："从比较经济制度来看，任何一种制度都需要解决两个问题：信息问题和激励问题，其他问题都可以还原为这两个问题。"[①]由此我们可以理解为，一种制度安排的交易成本的高低取决于这两个问题：信息和激励问题决定了制度结构的效率，制度本身就是信息的载体，制度安排的结构和内容规定了制度环境中的经济主体可选择的行为空间。稳定、有效的制度为人们提供稳定的预期，即使是市场的新进入者也能够通过遵循规则降低个人经济决策的不确定性，这就降低了信息费用。信息的发现和传递也是有成本的，如果信息成本为零，那么消极怠工、搭便车等行为都会被发现，通过对惩罚的规定就会消除这一现象。但信息成本不为零造成现实中信息的不完备性，发现制度偏离行为的成本常常非常高昂，这就需要通过制度设计的激励来使得经济主体的行为符合制度目标，从而节约信息成本。因此，在信息成本无法消除的情况下，制度结构的有效性决定于激励功能的强弱。激励功能强的制度结构就是能够使经济主体行为的外部性尽量内在化的制度，也就是使人们在追求自身利益最大化时也能够相应承担自身行为所带来的社会成本。一般来说，组织内部的行政调配机制虽然能够节约市场交易成本，但对组织成员个人的激励程度较低，管理和监督费用通常会较高。因此，组织规模是不能无限扩大的。同时，在更广的范围内，市场价格信号总是能够使要素流向更有效率的边际配置，突破人类理性（组织内部决策）的界限（时红秀，1994），降低了信息成本。市场中的个人相比组织内部成员具有更强的外部性内部化的激励。市场机制在需要达成协调一致的行动上，将导致

---

① 汪丁丁：《制度创新的一般理论》，《经济研究》1992年第5期。

较高的信息和协调成本，行政机制显然具有优势，这种力量来自政府权威，在某些具有公共利益目标和外部性的资源配置上，政府将部分生产要素产权纳入其支配范围，以强制力使个人成本—收益接近社会成本—收益，降低交易费用，达到更高的制度效率。城市化初期（无论是否出于公共利益）采取国家向集体征地的选择是理性的，在既有产权结构下完成农地非农化变更，节约了界定和实施产权的成本，但随着城市化用地规模的扩大和土地增值收益的增加，具备产权界定能力时，继续这种模糊的产权结构就将造成公共产权的"公地悲剧"。农地城市转用过程中，若制度安排使农户承担搜寻价格、确定价格的成本过高，那么可能造成转用无法达成。给予农户议价权利，可有效降低交易费用。

信息和激励问题所引起的交易成本的高低，取决于资源本身的属性和特征。如果对要素产权进行分割、确认和实施所带来的收益能够抵消界定上述产权耗费的成本的话，那么对经济主体来说就具有建立明晰的排他性产权、使外部性内部化的激励。但是还有一些资源，其使用和收益无法清晰地界定产权边界，或者界定产权的收益无法抵消实施成本，这类资源因公共物品性质程度的不同，其资源配置需要与其相应的不同规模的行政调配机制和组织。土地资源的特殊属性决定了农地城市转用过程不能全部由市场机制完成，即"交易技术结构与体制组织的相容性"[1]问题（刘世锦，1992）。土地资源是人类生存和发展的基本生产要素，土地资源的配置决定了社会各利益集团的财富格局和福利状况。同时，土地资源配置还具有环境保护、社会公正、世代公平等社会整体利益目标，这种公共利益的实现对个人没有显著的激励，因此，土地资源配置的公平、公正性以及社会可持续发展的政策目标必须由政府通过权威和强制力来实现。地方政府作为中央政策的具体实施者，同时其自身具有利益激励，这样的制度规定为地方政府创造了利益空间，同时地方政府违法面临的惩罚成本相对较低。如果发现地方政府违法行为的信息成本为零，那么所有的违法征地行为都会及时被上级政府发现，如果违法行为的代价足够高，地方政府会因对其违法行为所招致的惩罚后果的担心而消除违法行动，但现实中地方政府违法行为鲜有及时发现，即便被发现，也大多已经完成征地行为，已经造成了社会福利损失。因此，制度安排的关键一方面

---

① 刘世锦把这称为"交易技术结构与体制组织的相容原理"，并依据资产专用性程度的强弱不同进行了匹配排列。见刘世锦：《经济体制组织选择与国有企业制度改革》，《经济研究》1992年第4期。

城市化进程中土地资源配置的效率与平等

是消除地方政府违法征地的利益激励，另一方面是建立多元的监督机制，降低违法征地行为信息发现成本。

经济主体之间通过市场交易，达成各自利益的扩大，即市场交换使他人行动有利于自己。除了交易这一手段之外，还有其他两种方式能够达到这一使自己利益扩大化的目的：一种是以暴力或潜在暴力为基础的强制、强迫他人服从的方式；另一种是劝诱，即通过改变他人的效用函数，使自己的利益成为对方效用目标的方式。若考虑到交易费用的因素，这两种方式都有可能引起高额的交易费用。第一种方式在现实中常见的手段如行政命令、法律法规以及战争、掠夺等，行为主体一方虽然能够通过强制力达到实现利益的目标，但容易造成不满和反抗，这种不稳定因素造成很高的社会成本，对这种方式的适用范围应谨慎选择。第二种方式常见的如意识形态教育、宣传鼓动等，较适宜于规模较小的群体内部，如果超出这一范围，成本就会迅速升高。市场交易与上述两种方式相比具有明显优势：第一，经济主体是基于自愿的基础进行交易行为，排除了经济主体间人身依附的支配、服从关系，从各自自身利益出发，通过交易可以实现双方福利的改进。第二，市场交易过程具有平等、互利的特点，不依赖于强制力，也无须改变对方的效用函数，只要将交易各方看作独立的经济主体，对商品的支配、处置、转让、收益的权利界定清晰，这就大大降低了经济主体为改进自身福利寻求交换而付出的成本。

征地制度安排的初衷是避免市场机制对公共利益的损害，但是由于机制设计的不完善，为利益主体获取违法收益提供了动力和空间，使得征地权的适用范围无限扩大，几乎涵盖所有的农地城市转用，无论其转用的目的是出于公共利益还是商业利益。土地征收环节也排除了市场机制的作用，由行政力量决定征地数量、价格，涨价几乎全部归公，农民无权参与土地价格的讨价还价，无法获得应有的土地收益。农地城市转用中政府承担的成本极低，征地效率较高，加速了农地非农化过程。农地非农转用过程中的权利界定的关键，是如何明晰市场行为与政府干预的边界，既要使外部性内部化的成本最小化，又要体现农地所有者的市场地位。因此，在国家通过规划控制农地城市转用规模的基础上，要在土地征收环节引入市场机制，交易双方通过讨价还价得以表达自身偏好和福利评价，国家所拥有的农地非农化"终极"产权可通过税收等方式实现。

三、小结

由上述分析可知，农村土地产权不清晰、征地程序不公平、利益各方力量对比失衡是造成农地城市转用福利损失的主要原因，需通过清晰的产权界定、为产权交易创造良好的市场规则、明确各主体权利边界，来提高制度效率和经济效率，增进农地转用福利最大化。可以得到如下结论：现行土地制度结构与城市化福利目标的不相容性，具体体现在以下方面：

结论1：福利最大化是需要制度为前提的，在外部性不能内部化的情况下，规则公正则成为制度调整的关键之处。土地资源城市化的过程是国家运用其对土地的终极所有权，介入土地权利转让的交易过程，农地征用和补偿过程是土地集体所有权转变为国有土地所有权的过程。现有制度体现了农地使用权的实现，而未能实现土地财产权。以帕累托改进的标准来看，农地转用制度变迁的底线是农民失地前后实际福利水平至少不下降。但现行制度结构划分使得中央政府、地方政府与农户之间的力量对比失衡，造成了征地程序的不公正以及现有征地制度的低效率。

结论2：如果农地所有者拥有讨价还价权（资产定价权），无论实行何种土地供给方式（土地征用与市场自由交易），资源配置的福利结果都是无差异的。

结论3：现有土地产权结构下，征地制度安排中关于交易规则的规定决定了交易方攫取利益能力的差异。

推论1：城市化所带来的土地收益分配的公平、正义对社会福利评价有重要影响。

推论2：在不对土地产权结构做根本性变革的前提下，通过对交易规则的变更可以调整农民的行为以及对土地政策的评价，并改善社会福利状况。

推论3：城市化进程的推进带来土地需求的增加，导致土地相对价格发生变化，这种变化使得非农化的土地价值的界定变得"划算"和容易（土地出让价格和出让面积是确定的），因此需要通过土地产权结构调整使土地产权进一步清晰化，形成清晰的产权结构，促进效率的提高。

第四章 土地资源配置福利最大化的制度前提

由前述分析可知，资源配置最优化的帕累托标准在完全竞争的条件下才是有效的，当存在外部性、市场垄断、公共物品等情况时，依靠市场这只"看不见的手"达到福利最大化的均衡就不可行。现实经济运行中，多数商品或市场都不满足完全竞争的前提假设，因此在存在外部性、垄断特征或公共产品的市场上达到福利最大化的资源配置方式就成为需要解决的问题，其中大部分的讨论围绕制度安排展开。

制度设计提供了人们经济行为的选择和活动空间，好的制度通过提供一组对人们权利、责任和义务的规定，为经济活动提供约束机制和行为规范，通过降低交易成本，为生产和交易创造最大的空间，使经济主体获得帕累托原则下的最优状态。即诺斯（1994）提出的"制度效率"：在技术没有发生变化的情况下，通过制度创新也可以提高生产效率，实现经济增长。

第一节 土地资源配置的外部性、交易费用与产权界定问题

外部性理论是古典福利经济学的重要组成部分，庇古在其著作《福利经济学》一书中将外部性划分为"内部不经济"和"外部不经济"，并应用边际社会效益和边际社会成本分析方法，指出了资源配置最优化的标准。在边际社会收益与边际私人收益、边际社会成本与边际私人成本存在差异的情况下，完全依靠自由竞争的市场机制是不可能达到收益最大化的。提出征收"庇古税"对外部性进行弥补，这也成为政府干预市场以减低外部性的理论基础。

一、外部性与产权界定

制度学派的观点将外部性问题转化为产权问题来讨论，认为经济过程不仅是物的生产和交换，而且其体现的是人与人之间的经济权利关系。阿尔钦（1994）指出，产权是社会所实施的关于选择一种经济品使用的权利，产权结构规定了经济生活中人们收益、受损的相互关系及其补偿规则[①]。因此，在制度经济学家看来，外部性的影响具有相互性，而不是简单地向一方征税补偿另一方的问题。科斯在《社会成本问题》中证明，在交易费用为零的情况下，资源使用最终总会达到最大化，而与初始权利配置无关。科斯认为，外部性的产生正是因为产权没有界定清晰，只要制度安排是有效的，就可以降低甚至消除外部性，即科斯定理——只要产权是明晰的，私人之间的谈判可以达到资源配置最优化。因此，通过市场交易对权利进行重新安排达到资源配置最优化的前提是权利的初始界定，即"谁有权做什么"的规定。如果没有这种清晰的初始界定，通过权利转让达到资源配置福利最大化的市场就不存在。

以上理论提示我们，在解决城市化进程中土地利用的某些外部性问题上，在政府强制的手段之外，还可以通过界定产权，通过市场来解决。对于那些可以界定到个人的产权，允许权利的市场化交易。当然，并不是所有的外部性问题都可以通过市场化来解决，对于那些界定费用过高或与社会全体公民利益相关的权利，仍需要政府作为公共权威进行监督、主导。

对产权规定的认识可分为两个层面：法律层面和经济层面。不管是哪个层面，产权的界定和实施都是要耗费成本的。由于界定产权的成本过高而使得一些权利留在公共域中，产权公共域的存在使得在一些情况下完全清晰的产权界定成为不可能。自然资源的总价值由其经济价值和潜在的非经济价值组成，在资源配置和使用过程中，资源的各种属性以及经济、非经济价值紧密结合在一起，往往无法明确加以区分，这也造成对一类价值的追求形成对其他价值实现的障碍或损害。例如在农地城市转用中，城市经济的不断扩张要求大量的、低价的土地投入要素，而如果无限制地推进农地的开发利用，农地的非经济价值将遭到严重破坏。因此，农地城市转用要在土地的不同属

---

① ［美］阿尔钦：《产权：一个经典注释》，载陈昕：《财产权利与制度变迁》，上海人民出版社 1994 年版，第 68 页。

性、价值之间进行权衡。如我们看到，经济最发达的区域通常也是土地资源最肥沃的区域，那么是应该转用更多的农地进行第二、第三产业发展，还是让这些地方继续生产粮食就成为一个难以抉择的问题。

如果给予直接从事农业生产的农民个人、农村集体以土地权利，当然能够使其获得使用土地的产权激励。但是，土地权利的具体内容规定也同样重要。产权的排他性必然要求权利人能够拥有完全的处置权，但由于土地的特殊属性以及我国国情的特殊性，国家公共权力与农民个人权利将对土地权利进行分割。农村土地集体所有权的定位、农民土地使用权利的限制是农村土地产权界定的中心问题。从产权的经济功能来看，首先，土地权利归属要主体明晰，因为"无主"的资源容易遭到过度利用和浪费；其次，产权明晰的内容应当具有全面性，避免产权残缺（德姆塞茨，1988；巴泽尔，1989），各权利束的主体都必须明确。对于我国农村土地城市转用来说，首先应做到农村土地的所有权、使用权的内容和主体上的明确，避免农村土地利用的"公地悲剧"。特别是农民土地使用权，只有具备了排他性和可让渡性，才能降低交易费用，促进资源配置的优化。张五常（2000）指出，完整的产权包括三种权利：使用权（或决定使用权）、自由转让权和不受干预的收入享受权。有了这三种权利，是不需要所有权的。因此，在我国，无论农地归谁所有，它的产权（所有权）都是残缺的，或者说只是名义上的。土地所有权是土地所有者关系的法律表现，在土地产权中，所有权是主要的、居支配地位的权利，其他排他性权利一定程度上都是所有权的派生权利。

从我国现行政策法规的书面文件看，我国法律对农村集体的土地所有权有着非常严格的限制。这些规定性限制主要包括以下三个方面：农村土地所有权在转让、抵押、出租等方面的禁止性限制；用地定额、控制指标等以节约用地为目标的规划性限制；为保持生态平衡、农业安全等必须执行的国家土地利用统一布局。《宪法》第十条规定："任何组织或者个人不得侵占、买卖或者以其他形式非法转让土地。"这就规定了农地所有权的不可交易性。因此，如果把所有权理解为权利束，那么我国农地的所有权仅限于从事农业生产的使用权和获得农产品的收益权，以及表现为承包权和农地流转的有限处分权。关于农村集体建设用地的交易，中共十七届三中全会对此已有了新的规定："经批准占用农村集体土地建设非公益性项目，允许农民依法通过多种方式参与开发经营并保障农民合法权益。逐步建立城乡统一的建设用地市场。"并提出"逐步建立统一的建设用地市场，在符合规划的前提下与国有土地享有平等权利"。具体如何实施，相关法律法规还未给出进一步的规定。

二、交易费用与产权界定

产权制度存在的经济功能是降低资源配置中的外部性成本、提高资源配置效率。根据科斯定理，若农地城市转用的交易费用为零，对于农地产权的初始法律界定并不影响土地资源配置的效率。但农地城市转用的过程实质是交易，交易必定有成本，农地城市转用过程中交易费用的存在是各经济主体达成不同的农村土地产权结构的原因。交易费用水平不同，利益主体会选择使得交易费用最低、资源配置效率最高的农村土地产权结构（即权利束）。当制度安排限制农民通过自行达成合约来消除或降低土地转用过程中的外部性时，那么就只能通过国家公共权力来界定土地权利，国家对土地产权的制度规定构成城乡土地转用的初始条件。

通过上述理论分析可以知道，若产权的界定是充分的、明晰的，并且产权的执行也是无障碍的、彻底的，那么根据科斯定理，通过交易双方的自由谈判就能引导资源配置达到帕累托最优。而在现实世界中，产权的界定和执行都是需要成本的。威廉姆森（1985）认为，交易费用的高低与以下三个因素相关：不确定性、资产专用性和交易的频次。不确定性和资产专用性程度越高，交易频次越低，交易费用就可能越高。农地产权交易过程中存在正交易成本是显而易见的，交易的实质是一种契约关系，只有契约公正，交易的结果才可能是公正的，契约不公正，交易的结果不可能公正。若农地征用的交易双方是完全理性的，那么在订立契约时就能够不花费任何成本而签订穷尽所有可能情况的、详细的、双方满意的内容。而在理性有限的情况下，就有可能出现利用契约漏洞，交易一方损害另一方的情况。土地作为一种具有区位属性的特殊生产要素和自然资源，其利用具有一定的资产专用性，同时由于政策规制的限制，土地产权交易的频次相对普通商品是极为有限的，因此交易中的机会主义难以避免。巴泽尔（1997）指出："除非产权得到完全界定——在交易费用为正的情况下，这是永远做不到的，部分有价值的产权将总是处在公共领域中。"内部化的收益大于成本是产权产生的动力。当存在正的交易费用，界定和执行产权的成本超过其收益时，就不会产生明晰产权的动力，经济主体就会因此放弃完整权利束中的部分权利，这部分权利就是产权公共域。"内部化"以经济主体间清晰的权利边界为前提条件，这一边界也是区分"内部化"和"外部化"的界限。因此，清晰的产权必须具有排他性这一属性。我国农村土地归农村集体所有，是农村居民的共有财产，同样具有排他性。但在农地城市转用过程中，这种排他性却难以实现。因为农地除了农业生产价值之外，其社会保障功能、环境保护功能等非生产性间接价值的计量难以实现，使得这一部分土地产权留置在产权公共域之中。虽然法律规定农村土地归村集体所有，但在农地城市转用过程中，强制征地权的存在使农民获取土地增值收益的成本极为高昂，农民不得不放弃这部分权利。农地公有产权的排他性实现的困难使大量农地产权留置在公共域之中。因此，现行征地制度导致了较高的谈判成本和交易成本，钉子户的抗争、上访构成社会不稳定因素。

三、农地转用产权公共域及其利益争夺

科斯认为，当交易费用为零时，只要根据"避免较严重损害"原则对权利进行初始界定，权利的转让及重新组合只要通过市场机制运行（即自愿协商方式），就会自动达成产值的增加。但在土地资源由城到乡的重新配置中，谈判费用不为零、土地利用的公共产品属性决定了不可能穷尽所有可能性而将权利边界界定清晰。产生农地城市转用交易中的产权公共域的原因可分为两个方面：测定商品属性的技术因素的限制和制度原因。按照巴泽尔（1997）的理论，由于商品属性具有复杂性，测定每种属性并确定其价值并不是无成本的，因此充分界定商品完整属性和产权的成本有可能过于高昂。如对于农地的社会稳定价值、环境保护价值等非生产性价值的确定在目前的技术条件下是难以实现的，这类交易成本的存在使不能得到充分界定的部分产权留置在公共域中，只能依据目前能够测算的农业生产价值给予征地补偿。艾伦·施瓦茨（1990）指出，现实中的制度、契约往往是不完备的，语句模棱两可或不清晰、人们的有限理性、界定产权成本过高以及不对称信息等原因导致了不完备[①]。

法律、政策等制度性规定明确了人们之间的基本行为准则。制度性规定对人们的行为构成正式约束，有时会增加某些获利行为的行动成本，使得被

---

① 施瓦茨：《法律契约理论与不完全契约》，载科斯等：《契约经济学》，经济科学出版社 2000 年版，第 102 页。

约束一方由于成本过高而放弃部分产权。土地征用是一种强制权力，是政府为了公共利益的需要而依法强制取得土地并给予法定补偿的行为。如何确定公共利益是一个难题，若公共利益的范畴不能明晰，土地转用的性质就具有了不确定性，现实中的土地征用不能完全划归为非市场行为。法律规定禁止除政府以外的土地所有权市场，并且规定"任何单位和个人进行建设，需要使用土地的，必须依法申请使用国有土地"。这意味着无论是否出于公共利益的需要，若需增量占用农用土地，必须经过征用将土地转化为国有建设用地。土地征用的实质是土地集体所有权转变为国家所有权的过程，相关法律的规定使土地征用成为农村集体所有土地合法转为国有建设用地的唯一途径。《土地管理法》明确规定，除特殊情况外，农民集体所有土地使用权不得出让、转让或者出租用于非农业用途，一切经营或变相经营集体建设用地都是非法的。至此，虽然农地的所有权归农村集体所有，但相关法律规定限制了农民在农地城市转用过程中获取农地产权的权利，使得部分产权进入公共域。

产权的制度安排在结构上越完整、充分程度越高，对产权当事人的激励和约束就越明晰，经济体系运行的摩擦成本越低，效率就越高。制度安排中明晰的权利为专用权，未明晰的领域为剩余权。由于界定产权的交易费用在现实中总大于零，总有一部分属性的产权进入巴泽尔（1997）所谓的"公共领域"，成为公共攫取的对象。公共领域的存在向我们指明了法律上的产权清晰并不意味着实际经济交易中的产权是同等程度清晰的。从法律规定来看，资源的归属无论是属于国家、集体或者个人，都具有明确的法律主体，而资源多种经济属性的产权在经济主体间的现实配置，则取决于自身保护和实施这种产权的努力以及外界制度环境和他们是否有攫取这种产权收益的企图。而保护和实施产权都不是无成本的，当法定产权主体面对外界产权侵害而无力进行保护行为时，产权公共域的侵害就在所难免了。产权主体实际能够实现的经济产权仅仅是受到保护的部分。

产权公共域的存在使得一部分交易收益留在公共域中引致交易双方的争夺。若交易双方处于平等地位，对于公共域的产权和收益拥有对等的争夺权，那么双方能够较为公平地分享这部分资源；相反，若有一方议价、谈判能力较弱，在争夺公共域资源时处于弱势地位，那么处于争夺劣势的交易者将非自愿地放弃部分产权，此时就形成了产权侵害。农地城市转用中，由于农民在信息、生存能力、抗压能力等方面明显处于劣势，在公共域利益争夺中显然处于弱势地位。相关法律规定"争议不影响征地程序"，进一步削弱了农民的议价能力。同时，由于农民松散的组织结构，缺乏有力的利益代言人，在谈判中始终处于弱势地位，造成无论是面对由于技术因素带来的产权缺失还是制度规定所导致的权益受损，都无法以一个与征地方地位平等的身份获取产权收益和减少产权损失。议价能力的缺失使农民在与征地方的利益谈判中没有影响力，对于相关政策安排、征地程序特别是征地补偿价格没有发言权，当面临权利受损时，高昂的交易成本使他们不得不放弃某些权利，从而被排除在土地征用决策过程之外。

集体土地所有权实质上处于主体缺位状态，土地征用过程中集体土地权利义务的实施主体难以确定，土地权益也就难以实现。在实践中，国家(中央政府)拥有对于农村土地绝对的、终极的支配权利，农村集体只是土地农用的经济管理者，"农村土地归集体所有"是法律意义上的，其现实经济权益难以实现。村集体代替农民行使相关土地权利，农民与村集体之间形成委托—代理关系，而这种委托—代理关系又是松散和模糊的，因为农民难以形成对村干部的有力监督，同时由于村干部受到上级政府的委托和干预，更多的是作为上级政府行政职能的延伸，因此实际控制集体组织的村干部具有村民代表和政府代表的双重职能，村干部这一群体与农民群体极有可能存在利益不一致，有可能不完全履行村民代理人的职责。

现行征地制度安排的关键问题就在于公权侵犯私权、行政权侵犯财产权，[①]法律意义上虽然明确规定农村土地归农民集体所有，但实际上对于农地产权具体属性的支配权的规定并不清晰。要切实保障农民的土地财产权益，使农民的土地权利在农地城市转用中得到充分体现，能够分享土地增值的收益，就必须通过制度创新确立农民是农村土地集体所有权的产权主体，强化农民承包经营土地的财产属性。农村土地产权主体的不清晰导致了土地产权的边界不清，农民所拥有的土地产权缺乏被尊重和实现的制度前提，使得农民的土地使用权、收益权、处分权难以兑现，导致了农民土地权益的受损。土地征用对农民造成的权益损失的具体数量是难以清晰确定的，因为各级政府在土地的转用、处分上始终掌握话语权，受土地权益影响最显著的农民群体始终处于被动的弱势地位，对土地被征用所导致的权益损失缺乏必要的知情权，对土地征用过程缺乏参与权，对土地交易缺乏选择权，对土地转用收

① 孙万国、刘萍萍：《农地征用制度的制度经济学分析与创新路径研究》，《农业经济导刊》2007年第2期。

益缺乏索取权。这样一方面政府的强势地位不断得到加强，其获取土地收益的动机和能力被不断强化，另一方面处于弱势地位的农民福利不断被剥夺，维权能力不断下降。现行土地制度的产权公共域，决定了在农地增值收益分配博弈中，农民在市场主体地位和议价地位上都处于弱势地位，需要通过明晰产权保障农民土地权益。

第二节　征地双方的讨价还价博弈模型

一、引言

地方政府通过行政方式支付补偿款征收土地，农用地转变为城市用地后，按照市场价格出售，两次交易、两个市场上的差价构成农地城市转用的增值空间。土地增值收益的分配是各方利益主体争夺的焦点，征地补偿标准决定了土地增值收益在征地方、被征地方之间的分配状况。博弈论是研究人们如何进行互动决策选择的方法，在农地征收环节，农地所有者和征地方对土地增值部分进行分割，最终的获利比例取决于双方的目标函数、力量对比等因素。

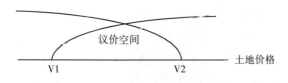

图4-1　农地城市转用议价空间

为了分析方便，将农地城市流转过程所涉及的经济利益主体分为两方，分别是征地、用地方（地方政府、企业）和被征地方（农地所有者——集体和农户）。农地城市转用发生价值增值，征地双方针对增值部分展开讨价还价。如图4-1所示，V1是被征地方所能接受的最低价格，V2是征地方所能支付的最高价格，V1~V2则是交易双方可能的议价空间。本节研究从囚徒困境博弈模型出发，即以参与者同时行动的一期完全信息静态博弈的囚徒困境模型为基准，拓展到多期动态博弈，将耐心因子和农民议价权等因素引入拓展模型，对征地中的博弈均衡和社会福利进行比较分析。

二、基准模型：征地双方的囚徒困境模型

博弈的参与方为征地方—地方政府和被征地方—农村集体和农户。假设农民拥有土地征用的谈判权，地方政府和农民都是有其自身利益目的的独立行动主体，地方政府希望快速、低成本地大量征用土地，农民则出于自身利益最大化的追求，希望尽可能提高征地补偿价格，双方针对土地增值部分进行利益博弈。双方可进行的行为选择有如下情况：地方政府拥有强制征地权，可以依法征地或违法征地，大多数情况下，农民往往只能被动接受，农民可以选择合作——同意被征地，也可选择不合作——不同意被征地，当征地补偿标准低于生存和忍耐的底线，农民会选择上访、上诉等方式进行反抗。

由以上行为选择可形成四种得益的对局结果，如图4-2所示：

<table>
<tr><td colspan="3" align="center">农民</td></tr>
<tr><td></td><td align="center">不合作</td><td align="center">合作</td></tr>
<tr><td rowspan="2">地方政府　依法征地

非法征地</td><td align="center">强制征地
S-C, F-C</td><td align="center">征地
S, X-F</td></tr>
<tr><td align="center">纠纷
X-B, F-B</td><td align="center">农民权益受损
X, -*</td></tr>
</table>

图4-2　征地双方的囚徒困境模型

在图4-2中，S代表地方政府依法征地得到的收益，X代表地方政府非法征地得到的收益，C表示强制执行征地的成本，B表示征地纠纷造成的成本，F表示农民征地前福利状况。*表示非法征地造成的农民福利损失，收益为零或小于零，福利水平低于征地前水平。

首先分析地方政府的行为选择，若非法征地收益大于依法征地收益，即 $X-B>S-C$，那么无论农民做出何种选择，地方政府都有进行非法征地的激励。在非法征地条件下，农民选择的策略空间为合作或不合作。若 $F-B>0$，则农民会选择反抗，造成土地纠纷；若 $F-B<0$，则反抗地方政府违法行为

的成本过于高昂，无论反抗还是合作其自身福利水平都会下降，因此农民会选择合作。现实中，从长远来看，非法征地造成超过生存和忍耐底线的福利下降会引起农民的反抗、抵制，农民往往寄希望于上级政府，希望通过上访等集体行为引起上级部门关注，增加利益博弈的力量。因此，在 $X - B > S - C$ 的条件下所能达到的纳什均衡是土地纠纷的结局（地方政府，非法征地；农民，不合作）。

再来分析农民的行为选择。若无论地方政府采取何种行为，农民选择不合作的收益总大于合作的收益，即 $F - B > X - F$ 且 $F - B > 0$，那么农民将总是倾向于选择不合作。在这种情况下，若 $X - B > S - C$，政府仍会选择非法征地；若 $X - B < S - C$，则地方政府会选择合法征地。但现实中，地方政府非法征地受到查处和惩罚的比例极低，因此地方政府非法征地成本很小，在此条件下所能达到的纳什均衡结果是（地方政府，非法征地；农民，不合作）。

由于土地征用是农地转变为国家建设用地的唯一合法途径，因此若农民在征地中选择不合作，那么将失去土地变性所带来福利状况改善的机会，哪怕在地方政府非法征地的情况下，所能分得的收益也可能大于不合作，那么农民往往选择合作。另外，在某些情况下，在地方政府非法征地的情况下农民所能分得的利益大于合法征地所得时，农民也会选择合作。即 $F - B < 0$ 且 $X - F > 0$ 的情况下，纳什均衡是农民权益受损（地方政府，非法征地；农民，合作）。因此，在地方政府和农民双方完全信息的情况下，地方政府出于发展地方经济、对政绩的追求以及自身利益最大化总是存在非法征地的动力，由于监管和惩罚机制的不完善，地方政府非法征地的代价极低，非法征地成为其较优选择；在这种情况下，无论农民采取合作还是不合作，其福利状况都将是恶化的。

三、模型拓展

（一）模型拓展1：引入农民议价权的多阶段动态讨价还价模型

在被征地农户拥有谈判权的基础上，进一步假设农民拥有讨价还价的议价权，征地谈判双方进行相继行动、次序博弈，用博弈树（如图4-3所示）表示这一过程。地方政府发布征地公告、补偿方案，再告知农民，地方政府先出行出价、继而农民进入，开始博弈的过程。过程是：地方政府发布公告，农民选择合作或不合作，若不合作，在下一阶段农民提出补偿方案，政府选

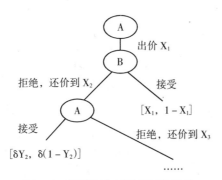

图4-3 征地双方三阶段讨价还价

择合作或不合作，如此循环。

模型构建基于如下假设：

（1）交易双方完全理性，A为地方政府，B为农民。

（2）时间贴现不为0，即讨价还价是花费成本的，征地时机的延误也造成成本，设双方具有相同的消耗系数δ。

（3）每阶段只有一方出价，地方政府在奇数期出价，农民在偶数期出价。

首先讨论在时间贴现相等情况下的讨价还价。在三阶段博弈模型中，设博弈的利益总和为1，若A出价为X_t，B的收益则为$1-X_t$，$t=1,2,\cdots,n$，则有：

在$t=1$阶段，A出价X_1，B若接受，双方得益分别为A分得X_1，B分得$1-X_1$，讨价还价终止。若B拒绝A在第一阶段的利益分配方案，议价进入$t=2$阶段，B提出分配方案，A得Y_2，B得$1-Y_2$，由A决定是否接受这一分配方案，若接受，A得益为δY_2，B得益为$\delta(1-Y_2)$。若拒绝，讨价还价进入$t=3$阶段……

谢炽予（2002）详细证明了对于$t=3$的三阶段讨价还价，利用逆推法可知此博弈存在唯一子博弈精炼纳什均衡解：$X_1=1/1+\delta$，同时证明了对于有限阶段的$t<\infty$的讨价还价也具有相同解。具体到土地征用过程，讨价还价过程不可能无限期地进行下去，同时，由于农民经济地位和议价地位处于弱势，抵御风险能力差，地方政府期待快速、大量达成征地协议，双方都倾向于在较短时间内做出交易决定，则δ趋向于1。同时，由于$\delta\leqslant1$，那么$t=1$阶段要价者具有议价优势，那么这也意味着在此种情况下，只要确定了先行出价者，就决定了最终的收益分配情况，即$\delta=1$，A、B得益相等都为1/2。

也就是说，如果征地过程是信息完全情况下的次序讨价还价，那么地方政府、农民任何一方企图通过博弈而多占有收益分配的行为都是不可能实现的，在既要达成交易，又要使自身利益最大化的约束下，必然使双方各分得收益的1/2。

现实的征地增值收益分配中，分配比例与这一结果相差甚远。据有关部门统计和相关研究成果显示，土地增值部分的分配情况大致是：20%~30%留在村一级（包括农民补偿）；用地企业，主要是城市房地产、建筑、土地储备公司等大概得到土地增值收益的40%~50%；城市政府大概分得20%~30%①。

在现实议价过程中，最终分配结果取决于谈判双方讨价还价的议价能力。由于交易双方地位的不平等以及有限理性的限制，往往不能达到这一理论解的结果。议价能力受到信息、环境的制约，由于双方信息的不对称以及所处环境带来的压力，谈判双方具有不同的风险预期、所得预期区间以及心理感知和抗压能力，这些因素造成了议价过程的初始不对称性。具体到征地过程来看，农民受到受教育程度、农村信息相对闭塞的限制，对于农地城市转用的相关法律、转用后的价值增值程度都处于信息劣势地位；同时由于对来自上级政府、村干部的压力敏感度较高，抗压能力差；农民现有生活水平普遍较低，希望通过土地征用补偿改善家庭生活福利状况，往往倾向急于达成征地协议，相比地方政府具有更高的等待成本。

（二）模型拓展2：引入压力、耐心因子不等时的动态讨价还价模型

农民和地方政府在征地过程中往往具有不同的心理压力状态，二者的时间消耗系数 $\delta_1 \neq \delta_2$，谈判双方都不是毫无耐心（δ_1、$\delta_2 \neq 0$），也都不是具有无限耐心（δ_1、$\delta_2 \neq 1$）。征地过程中，谈判双方的耐心程度取决于所受到的压力以及承受压力的能力，假设 A、B 所承受的压力分别为 s_1、s_2，那么 A、B 的时间消耗系数分别为 $\delta_1 = \dfrac{1}{1+s_1}$、$\delta_2 = \dfrac{1}{1+s_2}$，王刊良等（2010）对加入压力因子的非对称三阶段博弈均衡进行了推导，过程如下：

从 $t=3$ 阶段进行逆推，$t=3$ 时 A 进行报价，假设 A 可分配的最大收益为 X_3，用时间因子贴现到 $t=2$ 阶段，A 可分得 $\delta_2 X_3$，留给 B 的份额为 $1-\delta_2 X_3$，B 在 $t=2$ 阶段出价 $Y_2 \geqslant \delta_2 X_3$，因此 B 出价 $Y_2 = \delta_2 X_3$，折现到 $t=1$ 期为 $Y_1 = \delta_2(1-\delta_1 X_3)$，则 A 在 $t=1$ 阶段的最优报价为 $X_1 = 1-\delta_2(1-\delta_1 X_3)$，从博

---

① http://news.xinhuanet.com/report/2005-07/11/content_3204583.htm.

弈均衡角度来看，$t = 3$ 和 $t = 1$ 时期收益最大化的报价应该是相等的，因此 $X_3 = X_1 = 1 - \delta_2(1 - \delta_1 X_3)$，解得 $X_1 = \dfrac{1 - \delta_2}{1 - \delta_1 \delta_2}$，$Y_1 = \delta_2\left(\dfrac{1 - \delta_1}{1 - \delta_1 \delta_2}\right)$。

X_1 对 s_1、s_2 分别求导：

$$\frac{\partial X_1}{\partial s_1} = -\frac{(1 - \delta_2)\delta_2}{(1 - \delta_1 \delta_2)^2(1 + s_1)^2} < 0, \quad \frac{\partial x_1}{\partial s_2} = -\frac{\delta_1 - 1}{(1 - \delta_1 \delta_2)^2(1 + s_2)^2} > 0$$

Y_1 对 s_1、s_g 分别求导：

$$\frac{\partial Y_1}{\partial s_1} = -\frac{(\delta_2 - 1)\delta_2}{(1 - \delta_1 \delta_2)^2(1 + s_1)^2} > 0, \quad \frac{\partial x_1}{\partial s_2} = -\frac{1 - \delta_1}{(1 - \delta_1 \delta_2)^2(1 + s_2)^2} < 0$$

上述推导表明，征地交易双方的收益与自己的压力呈负相关关系，与对方的压力呈正相关关系，即面临较大压力的一方倾向于尽快达成征地协议，在最终土地增值收益分配中所占份额较小，压力因素越大，最终收益份额越小；拥有相对较大耐心程度的一方在谈判中具有优势地位，受压能力强、耐心程度高的一方将比另一方获取更大的收益份额，因此压力因素在土地征收谈判中起到重要作用。

现实中，农民和地方政府相比，农民的受压能力弱、耐心程度低是显而易见的。我国土地制度对农地使用的限制将农民土地财产权利的实现限定在农村、农业范围内，土地征用是农地非农转用的唯一合法途径，农民若想通过分享土地城市化的收益改善自身福利，只能选择与政府达成征地协议，无论征地补偿价格的高低；若拒绝征地，只能获得农地农用的收益。土地被征收后成为城市市民的身份转变也对农民形成诱惑，这两方面的激励降低了农民的耐心程度。与此同时，征地过程中地方政府的施压行为屡见不鲜，许多地方的征地部门采用行政权威主义和法律恫吓策略向被征地农民施压（李可，2010），甚至动用暴力手段，由于农民处于弱势地位，心理承受能力较弱，这种非正常手段能够有效地快速降低农民的耐心程度。

（三）模型拓展 3：允许谈判破裂时的讨价还价博弈模型

若农民有拒绝征地的权利，即征地讨价还价可以出现谈判破裂的结果，分配份额又会有怎样的变化呢？将征地讨价还价简化为一个回合，由政府提出补偿标准，农民若接受就按照政府提出的方案进行分配，若拒绝则不能达成征地协议，双方都无法得到土地增值收益。从谈判双方都是理性经济人的假设来看，报价方（补偿标准制定者）会提出使己方收益最大化的分配比例，而对接价者来说，只要获得的收益不为 0，就应该接受报价者提出的分配方案，因为任何大于 0 的收益总是优于一无所获。但大量实验经济学的研究结果证明，接价者对收入份额过低的分配方案会采取拒绝的策略，实际中理性的报价者通常不会制定两方差异过大的分配方案，实验证明，这个比例基本上在55∶45至50∶50之间，接价者对于低于1/3的份额倾向于拒绝。

我国征地过程则与此相反，在地方政府将农村集体土地征收为国有时，征地方采取的是"通牒"方式，即农村集体和农民除了被动接受政府提出的补偿方案和交易价格外，几乎没有讨价还价的余地。同时法律还规定对征地补偿的争议"不影响征用土地方案实施"，进一步强化了征地方的强势地位，地方政府并不担心因农民所得份额过低而不能达成征地协议，因此往往会使得征地补偿价格低于社会容忍的底线。据国土资源部统计的研究结果，从全国范围看，在当前土地收益分配机制下，失地农民仅得5%~10%，村集体一级分得25%~30%，60%~70%归中央和地方政府及用地企业所有（黄征学，2006；国务院发展研究中心，2010），远远低于50%的比例。

四、小结

通过上述分析可知，更为有效的、符合福利改善标准的方式是放弃征地过程中征地方单方面定价的机制，采取征地方和农民双方竞价的模式，在现有征地模式基础上增加农民方的谈判势力，政府只对征地价格起到指导作用。在这种模式中，征地方和农民拥有对等的讨价还价权利，双方基于自身的偏好函数进行自由竞价。引入农民在征地过程中的议价权，能够让农民合理分享城市化进程中的土地增值权益，同时降低征地纠纷所造成的社会效率损失。

第三节 程序正义

哈耶克（1997）指出，个人自治是市场经济的效率之源，只要法律制度能够恰当地保证个人和团体追求利益行为的自由，就能够保证资源使用的效率。也就是说，如果将市场规则作为土地产权制度实现效率的基础性机制，那么在形式上保证交易主体的机会均等，是获得效率的前提。机会均等的意思是指，在资源配置过程中以经济主体交易自由与意思自治① 为基本规范。科斯定理指出了产权界定的目的应是减少谈判成本以促进交易，产权界定应当能够对提高资源使用效率起到激励作用，这就要求土地制度是具有排他性的产权安排，农村土地所有者对土地的权利不应受任何强制力的干涉。

公共政策通过一定的程序转变为国家（政府）和公民就某一公共问题进行的共同决策和双方为解决公共问题所采取的共同行为，公共政策的程序正义是指"在公共政策的制定、执行、评价与终止的过程中，依照宪法与行政法规要求，按照一定的顺序、方式与步骤进行政策选择的行动"（李建华，2009），程序公平影响对交易结果的质量有重大影响。

罗尔斯（2001）在《正义论》中讨论分配份额的问题时曾指出了程序正义不能实现的原因，就是人类有限理性的限制，即虽然能够设计出实现政策结果的程序，但由于人类行为受某些偶然因素的影响，会导致程序的实行偏离公正的结果，虽然存在判断正确结果的标准，但缺少保证这一结果实现的程序。从这个标准来看，现实中的公共政策都不同程度地存在程序正义的不完善，因为政策实施过程所牵涉的行为主体——政府、企业、个人——现实中都是有限理性的，政策实施过程中存在利益激励使其行为偏离公共政策的福利目标。政策法律的实施程序是实现制度公正性的重要手段。

李建华（2009）的研究提出了判定公共政策程序是否正义的三个标准：依照政策程序所产生的最终结果与实质正义是否具有一致性，公民参与的广度、深度，以及这种程序所允许的政治权力使用的正当性，"公共政策程序正义的伦理价值就是通过抑制性的程序，保证补充理性不足，使其不偏离公共性的目标"。公共政策的正当性和实质正义，其含义是公共利益和社会福利，只有符合社会整体福利最大化的程序才符合程序正义。

农地城市转用政策是国家运用公共行政权力对城乡利益主体进行福利分配的过程，相关政策的制定和实行必然对城乡利益结构产生影响，一个公正的、完善的并得到严格执行的征地法律程序，是对农民土地权益的有力保障，也是防止行政权力滥用、制约政府行为的手段。判定程序公正性的第一个标准就是公共利益标准，我国征地中的公共利益范围的模糊不清和泛化是农民土地权益受损、农地过度非农化的原因（钱忠好，2003；曲福田，2004；等等）。公共利益的界定关系到全体公民的利益和福利，应通过民主程序和利益

---

① 立法过程中的意思自治以平等原则为前提，指行为主体进行活动时意志独立、行为自主。

表达机制，得到全体公民认同。从政府有限理性的假设来看，符合公共政策的正义性的公共利益的界定不能单方面取决于政府意志，而应通过程序设计使公共意志得以表达，公民的参与不可或缺。制度公正性的实现要以程序的公正、公开为前提，对国家（政府）行政权力使用的正当性起到监督作用。土地征收的实质是农村集体土地所有权的转移过程，对农村和农民的福利状况有直接影响。在征收过程中，由于政府机构特别是地方政府既是政策制定者又是执行者，在具有自身利益激励的情况下容易滥用行政权力，此时，规范、合理的土地征收程序能够增加征地过程的透明度，对地方政府行为产生制约，同时让被征地方充分了解土地征用相关政策的依据和信息，在一定程度上缓解征地双方的矛盾冲突。

《土地管理法》和《土地管理法实施条例》对于农村土地城市转用过程中农民和政府的权利界定使得农民（村集体）在法律上处于不平等地位。法律给予政府控制和决定村集体土地最终处分权的合法性，政府可以通过征收将农村集体所有土地变为国家所有，这种变更具有强制性（周其仁，2001）。依照现行法律规定，征收与否、征收程序、补偿标准都来自国家意志，土地所有权人与征收方的公权力行使者不能平等地表达意志，不存在平等协商的机制。《土地管理法》的相关规定体现了这种不平等性。如虽然法律规定征地前要进行公告，但发布公告时征地申请已获得相关部门批准，农民只能接受这种被动公告。法律还规定，若对征地补偿标准有争议，"由县级以上地方人民政府协调；协调不成的，由批准征收当地的人民政府裁决"。由此可见，地方政府既是征地方，又是矛盾裁决者，公正性难以保证。《土地管理法实施条例》相关规定加强了这种强制性："违反土地管理法律、法规规定，阻挠国家建设征收土地的，由县级以上人民政府土地行政主管部门责令交出土地；拒不交出土地的，申请人民法院强制执行。"没有法律来保障政府（国家）与农民的平等地位，农地资源城市转用中的平等交易关系也难以建立。现行《土地管理法》的征地程序是"先批后征，征供分离"，即启动征地程序前不予告知、审批后公告实施、争议对方案实施无影响，这样的程序机制无疑没有尊重农村集体和农民的知情权，缺少农地所有者的利益表达机制，农民土地权益难以保障。除了制度设计的不完善，征地程序还有公开程度不高、农民参与程度不高的问题，听证程序形同虚设，没有对征地过程的公正、公开起到促进作用。

通过征地途径进行的农地城市转用过程涉及的经济主体主要有四个：中

央政府、地方政府、用地单位和农地所有者。所涉及的利益关系是这四个主体之间的相互关系。从上述分析可知，现行征地程序在很大程度上弱化了农民的知情权、参与权和申诉权。相关部门单方面拟定征地方案及补偿标准，农民没有表达自身利益的谈判权；在征地补偿的标准上，农民没有讨价还价的议价权；若对征地方案存在异议，相关部门会强制征地，农民没有自主决定交易的权利。这样的征地制度安排使得农地城市转用的环节变得相对简单和容易，在土地征收过程中被征地方几乎没有参与的机会，节省了讨价还价的费用，较低的征地补偿费用也节约了地方政府的征地成本，这一过程能够缩短建设用地的征地周期，加快城镇化的发展，保证城市经济的快速发展。但是从长期看来，这种方式使得失地失业农民数量陡增，而且对国家的粮食安全和生态环境带来了负面影响，征地程序的缺陷使得整个社会的成本不断累加，将阻碍社会的全面发展。

由于农地城市转用过程中公告程序、补偿程序不合理，造成失地农民权益受损，因此，建立规范的征地程序，完善相关监督机制，保障农地所有者的知情权、参与权以及申诉权是防止地方政府滥用征地权力、保障农民利益的关键。公共政策的目标必须体现社会公众的整体利益，完善的法律程序设计能够将处于强势和主导地位的政府行政权力限定在合乎正义的范围内。程序正义的征地制度是对农民土地权益的有力保障，平等的交易地位的形成是农地城市转用过程公正、公平的前提。将农民的知情权、参与权纳入法律程序，提高征地过程的公正性和透明度，将会减少土地征用过程的交易费用，提高土地资源配置的效率。

第五章 程序公正、被征地意愿与福利改善

——基于农户的问卷调查

通过前述章节的理论分析，基本可以明确制度安排、产权结构以及农地城市转用程序的公正性对城乡福利格局有决定性影响。但是，如果不明确农地城市转用过程中农户对征地相关制度安排的满意性评价与自身福利评价，以及对此产生影响的因素，就无法找到导致农民不满、引发抗争行为甚至社会不稳定的根源性要素，也就无法从城乡福利最大化的角度进行政策调整。本章的实证分析基于6个省份的261份农户问卷调查数据，从农户基本情况、经济特征、征地补偿安置等情况以及对征地过程的整体评价出发，综合分析影响农户福利评价的因素。

第一节 调查数据概述

本次问卷调查选取了征地制度安排具有差异性的6个省份和地区进行调查。同一地区内部，在考虑了样本在不同行政村和自然村之间均匀分布的基础上，所有样本都是在行政村内随机选择，有效回收问卷261份。选取的6个省份和地区在征地补偿安置方面有较大差异：在户籍上，只有上海和重庆两地具有农地征用后农民身份由农村户籍转为城市户籍的政策保障；山东的调查主要针对居住用地"迁村并居"的案例；上海地区的农民对农业的依赖程度显著低于其他地区，并且这个地区的征地补偿安置标准最高。

问卷调查的内容分为五部分：第一部分为农户基本情况，包括性别、年龄、受教育程度、家庭人口数与劳动力人数、所在地区人均收入水平与人均消费水平等农户基本情况；第二部分为征地补偿安置情况，包括货币安置、

就业安置、社保安置、住房安置、户籍变化情况和土地入股安置情况；第三部分为农户经济特征，包括征地前后农户家庭收入构成、土地耕种、农业经营情况、被征地块情况等；第四部分为农户对征地补偿安置方案的整体评价，从征地补偿标准、住房安置、就业安置、社会保障四个维度进行评价；第五部分为征地程序评价，被征地农户从公正性、规范性、市场主体地位平等性等方面对征地过程进行评价。经过统计软件 SPSS 11.0 分析，数据概况如下：

一、样本农户基本情况与经济特征

261 个农户样本的家庭人口总数为 887 人，平均每户 3.4 人；其中劳动力人口总数 505 人，占农户家庭人口总数的 56.87%；文化水平集中在小学和初中，二者相加占被调查总数的 75.32%。征地前对农业的依赖程度（农业收入占家庭总收入比重）存在显著的地区差异，距离中心城区较近的村落这一比例较低，上海地区调查样本的这一比例都在 5% 以下。征地前，261 个调查样本户均耕种面积 2.1 亩，户均宅基地面积 0.28 亩。

二、征地补偿安置情况

从征地补偿安置的情况看，货币安置方面，各地区标准的制定比较灵活，安置标准的区域差异较大，同一地区内部，随着征地时间的推移，货币补偿标准也有显著差异，有的地区 4 年之间相差 5 倍，这种补偿标准变化的随意性使得同一区域内差异不大的地块在所获补偿上相差数倍，往往引起农户的不满和矛盾。

就业安置方面，所有样本中只有 19.3% 的农户得到就业安置，平均工资水平 897 元/月，但从农民对就业安置的评价来看，即便是得到政府的就业安排的农户，对就业安置的评价仍然不满意，一方面是由于从农业生产到城市工业化生产所导致的技能、劳作习惯等方面的差异使得农民难以适从；另一方面从我们的调查来看，政府安置的工作距离居住地点普遍较远，且工作内容与农民劳动力素质和技能普遍不匹配，造成了农民即便得到就业安置，非农就业收入高于原来的农业收入，但仍然感到不满意。

住房问题的解决方面，征地后 16.7% 的农户通过自建解决住房，26.7% 的农户为集体统一建设农民新村，34.76%的农户为分配商品房或自购商品房。49.76%的被调查者在征地后解决住房问题时有贷款，贷款金额占新建（或购买）住房总费用的比例在20%~50%。

户籍和社保安置方面，只有19.3%的农户在失地后由农村户籍变为城市户籍，大部分农户在农地转入城市的同时，身份并未得到相应的承认。261个样本中有7.3%的农户由"农保"转为"城保"。

农户家庭收入构成方面，除"迁村并居"试点村样本的农业收入在土地整理后有所增加外，其他样本的农业收入在征地后大多降为0，59.56%的农户非农业收入有所提高，11.3%的农户由于征地前就已进入城市打工，非农业收入和家庭总收入水平没有显著变化。

从各地征地补偿数额与当地物价水平的比较来看，在失地后若没有解决就业、养老、医疗等社会保障问题，征地补偿费将难以维持失地农民的长期生活。从问卷调查区域的计算结果看，目前的征地补偿费用仅能维持农民8~14年的基本生活消费，在东部发达地区这一时间较短。过低的征地补偿费用无法维持农民长久生活的需要，也为日后的征地矛盾埋下了祸根。

三、被征地意愿与协商过程

在被问到"您是否愿意土地被征用"时，调查对象中有91.3%的人选择"愿意"，也就是说从农民主观意愿来说，希望通过土地征用进入城市，城市相比农村始终具有更大的吸引力。回答"不愿意"的被调查者，选择的原因（多选）主要集中在以下三点：补偿标准偏低，不能维持基本生活（57.87%）；征地后生活水平降低（68.13%）；没有养老保障（39.8%）。选择其余两项"缺乏知情权、政府强行征地"和"国家征地政策未兑现"的仅有4.67%和1.32%，由此可以看出，农户对征地过程的评价主要来自经济利益和实际生活水平的变化，政府是否使用强制权力征收土地对农民的评价影响不大，选择"缺乏知情权、政府强行征地"和"国家征地政策未兑现"两项的被调查者较少也说明农民自身权利意识尚未觉醒。这也与"您对土地被征用或占用的态度是什么"的选择情况相符，有41.4%的调查者选择"不论政府还是企业，给了合理补偿就可以；否则坚决反对"，另有29.3%的调查者选择"如果政府用来修路等，即使不给补偿也没意见"，这部分受调查者的个人土地权利、财产权利意识尚不强烈，认为只要是"公家"使用，只要是为了"大伙"的利益，就同意低价甚至无偿征地。

在农户的知情权方面，只有12.3%的被调查者知道被征用土地将来的用途，明确回答"征地之前发布过公告"的只占样本的41.37%，在问到"征地、拆迁过程中是否召开村民大会或村民代表大会"时，61.34%的被调查者选择"没有召开"或"不清楚"，表明法定的征地程序形同虚设，在实际执行中打了折扣，没有起到对农民利益的事前保护作用，农民的土地权益未得到尊重。在被调查样本中，只有57.6%的人认为"在征地项目开工前，就征地补偿、安置方案等经过民主协商并达成协议"。

在征地协商过程中，有89.7%的调查者对征地补偿标准有异议，但其中只有30.31%的人与征地方进行了讨价还价的行为，在进行讨价还价的调查者中，仅有2.3%的农户补偿价格最终得到了提高。也就是说，在全部被调查者中，只有不到1/3的人拥有与征地方讨价还价的权利，最终能够通过讨价还价提高补偿价格的只有6户调查者，虽然绝大多数被征地农民对征地补偿标准都不满，但由于现行制度的设计，使得农民无法通过正常渠道维护自身利益。在协商过程中，有49.3%的调查者表示在征地过程中出现征地方通过村干部或发动亲友进行劝说的情况，59.87%的被调查认为最终达成土地征用协议不是自愿的。在被征地农户认为补偿标准偏低，且无法通过正常渠道阻止土地被征收的情况下，非自愿的强制征地必然导致农民的抗争行为。

四、土地纠纷及解决

虽然农民对于达成土地征用协议的自愿程度较低，但发生土地纠纷的比例却并不高。在调查样本中，明确回答"在征地过程中发生过土地纠纷"的只占13.7%，发生土地纠纷的原因（多选）集中在以下几项：征地补偿不合理（79.65%）；干部态度粗暴（56.74%）；征地补偿没有按规定兑现、征地补偿费被挪用（19.3%）。在回答"您有没有采取过一些方法争取自己的利益"时，明确回答发生过土地纠纷的被调查者中只有31.4%的人选择了"进行过努力"，其余没有进行过努力或从没想过争取自身利益的被调查者中有69.4%认为没有机会发表意见或者即使发表意见也没用。当问到"当地解决土地承包纠纷的途径有哪些"时，发生过土地纠纷的被调查者中有78.4%选择了"不清楚"或不回答，这表明农民对于维权方式缺乏了解，发生土地纠纷时不知道该如何寻求法律帮助和保护。同时现行法律对农民利益的保护乏力也使得农民在自身利益受损时对自己争取利益不抱希望。

五、征地补偿安置总体评价

　　问卷设计从四个维度对征地补偿进行总体评价：征地补偿标准、住房安置、就业安置、社会保障。从调查样本的数据来看（见表5-1），对征地补偿安置的总体评价普遍较低，但从各分项来看，四个维度与预想结果存在一定差异。在征地补偿标准评价中，93.6%的人选择"满意"，远远高于预想结果。我们一般认为，征地矛盾纠纷源自补偿标准过低，也就是征用农地的补偿计算方式造成的，而在实际调查中我们发现，如果将征地补偿安置细分为各个维度进行评价，那么农民对于农地补偿的计算方式并无太多异议，其不满主要来自失去农地后的就业、社会保障，也就是农地的社会保障功能在失地后是否能兑现的问题。在对住房安置的评价中，83.57%的调查者对征地后住房情况表示满意，可以看出即便存在通过贷款解决住房问题的情况，但与住房条件的改善所带来的福利改进相比，农民能够在一定程度上接受贷款的经济压力，不会影响其福利评价。就业安置方面，除去"迁村并居"①被调查户外，87.6%的被调查者认为不满意，社会保障评价选择"不满意"的比例为89.3%。由此可以看出，征地补偿安置的关键是农地社会保障功能的对接和实现，而不仅仅是征地补偿标准的提高。

表5-1　征地补偿安置评价选择分布

	征地补偿标准	住房安置	就业安置	社会保障
满意	93.6%	83.57%	12.4%	10.7%

① "迁村并居"不会造成农民失地，通过复耕土地，农业经济土地面积会增加。

第二节　征地过程中农民福利评价的影响因素分析

一、农地城市转用对农民福利的影响机制

由前述章节的分析可知，土地对农民具有生产性和非生产性双重功能。生产性功能体现在通过农业生产经营获得农业收入，非生产性功能则是提供就业、养老保障，农民通过享有农地的生产性和非生产性功能而获得农地福利。一旦发生土地被征用，作为承载着农民生存和发展功能的土地资源的功能和权属将发生变化。失地农民的农业收入发生变化，转为城镇居民后被迫接受较高的生活成本，支出增加，同时若没能及时建立保障体系和解决就业，农民就失去了最基本的生存保障。因此农地城市转用会对农民的福利状况产生重大影响。

从调查问卷的整体数据情况来看，农业收入不仅是农民经济收入的主要来源，土地也是农民的保障，农民对征地补偿安置方案的评价特别是负面评价主要来自土地的保障功能在失地后未能得到对接，造成农民福利水平的直接下降。本节运用实地问卷调查数据，建立计量统计模型进行分析。模型构建的思路是：以农户对征地补偿安置四个维度的评价为因变量，以农户基本特征、被征地意愿、协商过程规范性、征地程序公正性以及土地纠纷等诸多因素为自变量，建立 Logic 模型，利用问卷进行回归分析。

二、变量选择和数据来源

土地征收后进行的经济补偿是农民福利实现的重要手段，但失地农民的福利评价不仅仅取决于经济补偿，社会福利包括更广泛的含义，上文对福利经济理论的分析提示我们要对农地征用补偿、农民福利评价进行整体性考量。福利经济理论指出，个人是其自身利益的最好评判者，每个人的偏好、知识、能力、环境等方面的差异，导致任何外部的观察者都无法确定个人的福利状态。每个人的知识和利益都是有局限性的，因此关键的问题是能够让个人依

据自己的理解来作为行为指导和选择原则，而不是能否追求个人利益最大化。农户对征地安置补偿方案的主观评价作为因变量。

由于农户所拥有的初始资源禀赋的差异，以及受教育程度、年龄、性别、家庭成员劳动能力等方面的差异，他们获取经济和非经济福利的能力是不同的，对福利的评价也会有所差别。

土地征用对农民福利的影响主要体现在经济收入上。土地是农民赖以生存的唯一生产资料，也是获得农业收入的唯一来源。农地被征收后，农民失去部分或全部农用土地，农业收入必然受到影响。由于城镇建设的正外部效应，非农就业机会有所增加，非农收入部分有所增加。新建住房或购买商品房以及城镇生活成本的上升将造成农民新的支出。

通过前文福利经济分析，经济收益只能反映福利的一个方面，阿玛蒂亚·森（2004）的观点也指出，获得更多选择自由的潜力也构成福利评价的一个方面。按照这一观点，农地城市转用对农民福利的影响不仅是收入方面的，还包括非经济的内容。如征地过程的公正性、农地所有者话语权的平等性、农民经济选择的权利等。征地过程的公正性以及市场地位的平等性对农民福利评价有重大影响。信息对称、自愿达成的交易是帕累托改进的，符合福利改善的标准。

被征地农民重新安置后生产生活方式、生活状态将发生变化。转变为城市居民后，将从农业部门转移到城市部门就业，工作地与居住地的距离、对工作自由度的评价将发生变化。居住环境将变成城市社区，对生活状态如生活便利程度、公共设施、社会治安等的评价也构成福利评价的组成部分。

本节所用数据来自笔者 2011 年 10~12 月进行的实地入户调查，样本地区选择了近年来城市化、工业化进程较快，征地模式和征地补偿安置方案具有明显差异的地区，每个行政村随机选择 20~30 个调查对象，共发放问卷 317 份，其中有效问卷 261 份，有效率为 82.3%。

三、模型构建及回归

（一）变量的选择

本书研究的因变量为农户的征地补偿安置总体评价，对征地补偿标准、住房安置、就业安置、社会保障四个维度的评价赋值，各分项选择"满意"为 1，选择"不满意"为 0，四个分项的数值相加为总体评价的取值，也就是因变量的取值为 0、1、2、3、4，表示农户评价由不满意到满意。从理论上说，影响农户征地补偿评价的因素非常复杂，总体上可以分为内部因素和外部因素两个方面，本次问卷调查将这些因素概括为农户基本特征和征地程序评价两部分，作为模型的自变量，如表 5-2 所示。

表 5-2　模型拟选择变量解释

变量种类	变量类型	变量	变量解释	赋值	预期影响方向
因变量	有序变量	Y	征地补偿安置整体评价	y=0，1，2，3，4（满意度由低到高）	—
农户基本情况	连续变量	X1	年龄	年龄	?
	分类变量	X2	性别	0=男，1=女	?
	有序变量	X3	文化程度	1，2，3，4，5（文化程度由低到高）	负
	连续变量	X4	劳动力人口占家庭人口数比例	百分比	?
	时间变量	X5	征地时间	年份	正
	连续变量	X6	征用土地占农家庭农地比重	百分比	负
	连续变量	X7	农业收入占家庭总收入比重	百分比	负
征地过程	分类变量	X8	是否愿意土地被征用	0=否，1=是	—
	分类变量	X9	是否知道征收土地未来用途	0=否，1=是	正
	分类变量	X10	是否发布征地公告	0=否，1=是	正
	分类变量	X11	征地项目是否达成协议后再动工	0=否，1=是	正
	有序变量	X12	征地方取得土地方式（村民自愿程度依次提高）	0=与当地政府协商，1=与村集体签订协议，2=与农户签订协议	正
	分类变量	X13	协商过程中是否有讨价还价	0=否，1=是	正
	分类变量	X14	是否有村干部或亲友做动员工作	0=否，1=是	正

续表

变量种类	变量类型	变量	变量解释	赋值	预期影响方向
征地补偿安置方案	连续变量	X15	征地货币补偿	价格	正
	连续变量	X16	征地补偿货币化计算总额	价格	正
	分类变量	X17	户籍性质变化	0=征地前后都为农村户籍，1=征地后转为城市户籍	正
	分类变量	X18	有无社保	0=否，1=是	正
	分类变量	X19	有无就业安置	0=否，1=是	正
	分类变量	X20	有无住房安置	0=否，1=是	正
	分类变量	X21	新建（购）住房有无贷款	0=否，1=是	负
	分类变量	X22	补偿金发放是否公开	0=否，1=是	正
	有序变量	X23	征地后生活状况	0=比征地前差很多，1=差一些，2=差不多，3=稍好些，4=好很多	正

（二）模型建立

以农户征地补偿安置评价为因变量，研究一组影响因素对农户评价影响的显著性问题，由于将因变量的值设置为 0、1、2、3、4，且 5 个选项间存在排序关系，即由 0 到 4 满意度由低到高，因变量为有序分类变量，因此选用多元选择排序 Logit 模型对因变量进行回归。排序选择模型的定义形式如下：设 Y 为有序因变量，j 为因变量水平数，本书中 j = 9；设 $X = (x_1, x_2, \cdots, x_m)$ 为一组自变量向量，m 为变量个数。令 $P(y = j/x)$ 表示被调查者作出某一特定评价结果的概率 π_j，则有 $\pi_j = p(y = j/x)$，$\sum \pi_j = 1$：

$$L_n\left[\frac{p(y = j/x)}{p(y = j/x)}\right] = \alpha_j + \sum_{i=1}^{m} \beta_{ji}x_i \tag{5-1}$$

式（5-1）中，j 为因变量种类，m 为影响征地补偿安置评价的因素个数，x_i 表示第 i 个影响因素。取 p_j 为 π_j 的估计值，则多元有序 Logit 模型形式如下：

$$p_1 = \exp\left[a_1 + \sum_{i=1}^{m} b_i x_i\right] \bigg/ \left\{1 + \exp\left[a_1 + \sum_{i=1}^{m} b_i x_i\right]\right\} \tag{5-2}$$

$$p_j = \frac{\exp\left[a_j + \sum_{i=1}^{m} b_i x_i\right]}{1 + \exp\left[a_j + \sum_{i=1}^{m} b_i x_i\right]} - \frac{\exp\left[a_{j-1} + \sum_{i=1}^{m} b_i x_i\right]}{1 + \exp\left[a_{j-1} + \sum_{i=1}^{m} b_i x_i\right]} \quad j = 1,2,3,4,5$$

$$\tag{5-3}$$

式（5-2）、式（5-3）中，a_j 为模型截距即常数项的估计值，b_1，b_2，…，b_m 为自变量回归系数的估计值。

四、模型回归和结果解释

模型回归通过统计软件 Eviews 5.0 实现。首先诊断变量间的共线性，剔除具有显著共线性的变量后，运用多元有序 Logit 模型进行单因素回归，筛选出显著性水平在 10% 以内的变量，将这些变量运用多元有序 Logit 模型对因变量进行回归，进一步剔除不显著变量后，参数估计结果如表 5-3 所示。

表 5-3　模型回归估计结果

变量		变量解释	系数（χ^2 统计量）	预期影响方向	模型回归结果
农户基本情况	X_3	文化程度	0.011** (4.239)	负	正
	X_5	征地时间	−0.006* (2.712)	正	负
	X_6	征用土地占家庭农地比重	−0.039** (4.689)	负	负
	X_7	农业收入占家庭总收入比重	−0.043*** (6.788)	负	负
征地过程	X_9	是否知道征收土地未来用途	−0.013* (2.723)	正	负
	X_{11}	征地项目是否达成协议后再动工	0.047* (3.387)	正	正
	X_{12}	征地方取得土地方式	0.004** (5.056)	正	正
	X_{13}	协商过程中是否有讨价还价	0.158* (3.917)	正	正

续表

变量		变量解释	系数 (χ^2统计量)	预期影响方向	模型回归结果
征地 过程	X_{14}	是否有村干部或亲友 做动员工作	0.034* (3.372)	负	正
征地补偿安置 方案	X_{16}	征地补偿货币化计算 总额	0.121** (4.235)	正	正
	X_{18}	有无社保	0.076*** (14.754)	正	正
	X_{19}	有无就业安置	0.033* (2.721)	正	正
	X_{22}	补偿金发放是否公开	0.016* (3.979)	正	正
	X_{23}	征地后生活状况	0.062** (4.467)	正	正

注：*、**、***分别代表在10%、5%、1%水平上显著；括号内为χ^2统计量。

　　通过沃尔德检验，结果表明 Wald χ^2 的值为46.365，在1%水平下通过显著性检验，说明模型中的回归系数不全为零，表明模型是显著的，能够反映所选变量间的关系。标准回归系数的正负表示自变量与因变量的变化关系，符号为正表示二者同方向变化，负号表示反方向变化。对表5-3的回归结果进行分析可知：

　　（1）农户基本情况组别中，对征地评价影响显著的只有文化程度、征地时间、征用土地占家庭农地比重和农业收入占家庭总收入比重四个选项。文化程度对评价的影响为正相关，即文化程度越高，征地补偿安置满意度越高，与预想结果相反。主要是因为受教育程度高的农民外出打工机会较多，打工收入水平较高，很大程度上脱离了农村生活，农业收入对其福利水平影响程度有限，在现行制度规定的农地征收只能获得农业收益补偿的限制下，农地征收对其影响不大，若不涉及宅基地和住宅用地变化，非农收入为主的农户对征地补偿不会作出负面评价。征地补偿标准随着时间的推移有所提高，特别是近几年，提高幅度逐渐加大，因此预计结果是随时间推移，补偿标准提高，农户满意度应随之提高，但回归结果显示征地时间对农户评价的影响是负的，即随时间推移，被征地农户满意度下降，原因一方面是农民逐渐意识到土地的财产价值，另一方面随着城市化、工业化进程的加快和信息的逐渐

城市化进程中土地资源配置的效率与平等

发达，农民意识到农地非农转用的巨大增值空间，但自身却不能分享这一利益，增加了不满意感。征用土地占农业家庭农地比重、农业收入占家庭总收入比重两项与因变量存在显著负相关，说明福利水平受土地征收影响最显著的是农业依赖型的家庭，如果农地被征收后没有提供相应的收入替代来源，这部分农户生活水平会受到显著影响，福利状况甚至会低于失地前的水平。

（2）在征地过程组别中，是否知道征收土地未来用途对农户评价的影响与预想结果相反，知道未来用途会造成农户的不满意评价。原因在于明确未来用途也就使得农民对于被征地块未来的非农用估值有了预期和一定的估价，对比所得到的补偿安置，这种相对确定的收益落差容易产生不满意评价。征地项目是否达成协议后再动工、征地方取得土地方式、协商过程中是否有讨价还价三个变量对因变量产生显著的正向影响，说明承认农户对等的市场主体地位和讨价还价的权力，以及在协商达成的前提下才开工能够增加农民的满意度评价，这表明征地程序的公正性、市场主体地位的平等性对于农户福利感受和征地政策评价有重要影响。在征地协商过程中是否存在亲友或村干部做工作，对因变量具有正向影响，也就是亲友劝说或村干部动员能够提高征地评价的满意度，这个结果与预期相反。这可能与样本整体土地纠纷发生率不高有关，也就是说调查样本中的绝大多数最终达成了征地协议，最终征地行为不存在强制，虽然在征地协议达成方面自愿程度并不是很高，需要通过亲友和村干部的劝说最终达成协议，但周围人的影响也使得失地农户逐渐打消顾虑和担心，建立稳定的预期，从而提高了评价满意度。

（3）在征地补偿安置方案组别中，征地补偿货币化计算总额、有无社保、有无就业安置、补偿金发放是否公开、征地后生活状况五个变量对因变量影响显著。征地的货币补偿标准对评价的影响不显著，征地补偿货币化计算总额（如住房安置、补贴）对评价有正向影响，再次印证了单纯的农地征用补偿标准对农户满意度评价并无显著影响，征地补偿整体方案对评价影响显著。

第三节　小结

通过统计数据概述和计量分析，征地补偿标准和货币补偿对农户福利感受和满意度评价的影响并不是最主要的因素，征地程序的公正性、农地所有者市场地位平等性具有显著影响。农业收入依赖型农户对征地导致的福利变化更为敏感，因为失地后若没有相应的替代收入来源和社会保障，必然导致生活水平的下降。

尽管农民是征地活动所涉及的当事人，并且是福利水平受征地行为影响最直接的主体，但却被排除在征地活动之外，缺乏必要的参与决策权与知情权，这导致了农民对征地补偿安置政策的不满。而知情权、参与权的缺失使得农民只能采取如上访等群体性事件来维护自身权益，也使得征地方与农民常常处于对立状态，激化征地矛盾。

第六章 土地利用效率与公平损失

第一节 宏观土地利用效率

产权制度规定了物的相关权利归属，但其最终目的还是要解决物的利用问题，即通过权利界定提高资源配置效率。在土地资源城乡配置问题中，农地城市转用的利用效率是衡量土地产权制度效率的维度之一。

一、土地投资强度

如图 6-1 所示，随着城镇化、工业化进程的推进，1996~2009 年全国征用土地总面积总体呈增加趋势，2007 年之后出现大幅度增加，2009 年达到 38107.26 平方公里。

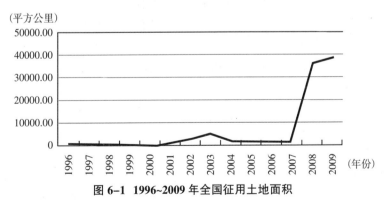

图 6-1 1996~2009 年全国征用土地面积

资料来源：1997~2010 年《中国统计年鉴》《中国城市统计年鉴》。

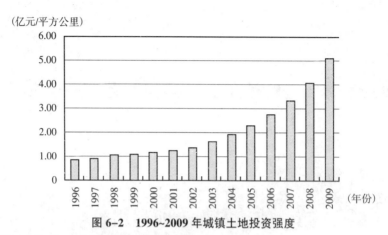

(亿元/平方公里)

图 6-2　1996~2009 年城镇土地投资强度

资料来源：1997~2010 年《中国统计年鉴》《中国城市统计年鉴》。

　　图 6-2 显示的是城镇地区土地投资强度，即 1996~2009 年单位面积建设用地平均获得新增固定资产投资的变动情况，1996 年每平方公里新增建设用地承载的固定资产投资为 0.87 亿元，1999 年为 1.1 亿元，2004 年为 1.94 亿元，2006 年增至 2.77 亿元，至 2008 年上升至 4.1 亿元，2009 年为 5.09 亿元，新增建设用地投资强度大幅增加，特别是 2002~2009 年，增长幅度显著高于其他年份。

二、新增土地要素单位产出

　　GDP 表示的是经济运行中通过各种生产和服务所产生的经济效益，土地作为基本生产要素参与这一过程，土地要素对 GDP 增长的拉动作用主要通过两种方式：从提高单位土地入手提高产出效率，以及增加土地要素投入量。图 6-3 表示 1996~2009 年单位面积新增建设用地平均 GDP 产出，以新增建设用地面积地均 GDP 产出反映城市土地的利用效率。从图中可以看出，进入 2000 年以后土地单位产出明显下降，随着全国范围的大规模土地征用，一方面出现了土地的闲置和粗放利用，另一方面资金、技术等其他生产要素的利用效率没有相应加大，出现了土地利用效率下降的现象。

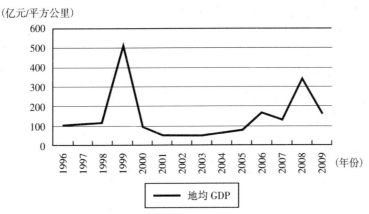

图 6-3　城市新增建设用地单位产出

资料来源：1997~2010 年《中国统计年鉴》《中国城市统计年鉴》。

三、人口与土地利用

土地的人口承载能力是衡量土地利用效率的重要指标。城市化首先带来的是城市非农部门人口的增加，从而带来居住、交通、城市基础设施建设以及非农产业的需求，城市人口的增加带来非农部门用地需求的急剧增长。如图 6-4 所示，1996~2009 年我国建设用地面积随城市人口增加而增长，二者变动趋势具有一致性，全国城镇总人口从 37304 万人增加至 62186 万人，城

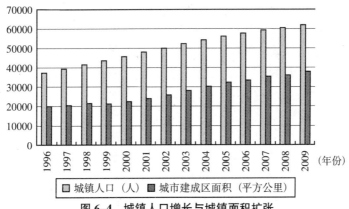

图 6-4　城镇人口增长与城镇面积扩张

资料来源：1997~2010 年《中国统计年鉴》《中国城市统计年鉴》。

市建成区总面积从 20214.18 平方公里扩张至 38107.3 平方公里。由 1996~2009 年全国城镇人口与建设用地面积进行拟合分析可知，存在显著的正相关关系，城镇人口拉动了城镇建设用地的增长。从增长速度来看，城镇人口的增长速度略快于城镇建设用地增长速度。

如图 6-5 所示，城市的聚集功能不断显现，人口密度不断增长，1995 年为 322 人/平方公里，到 2008 年增加至 2080 人/平方公里。与此相比，农村人口不断减少的同时，农村居民点用地却出现了上升势头，人均用地面积远远超过国家标准。出现这种变化的主要原因是部分农村剩余劳动力进入城镇工作后因制度障碍无法真正进入城市，因此这部分群体并没有放弃在农村的原居民点用地，但新增的农村人口又占用了新的居民点用地，造成了农村人口数量减少而农村居民点用地不断扩张的现象，降低了农村土地利用效率。

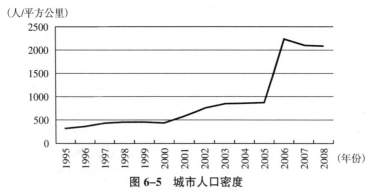

图 6-5　城市人口密度

资料来源：《新中国 60 年统计资料汇编》。

衡量某个地区土地利用效率的指标之一是产业密度，即 GDP/土地总面积，这一指标能够准确反映这一地区单位土地面积的经济产出水平。如图 6-6 所示，我国 1996~2009 年城市土地利用产业密度不断提高，特别是进入 2005 年以来，新增建设用地对新增 GDP 的贡献明显加大。

农地城市转用（农地非农化）是我国土地资源城乡重新配置、城市空间增长的唯一途径，虽然从绝对数量上看，土地要素投入的增加带来了相应经济指标的增长，但我国土地粗放型利用的经济增长方式，特别是近年来片面追求城市化、工业化的政策偏差导致了城市用地非理性增长，土地利用效率仍然较低。

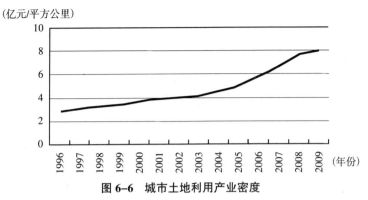

图6-6 城市土地利用产业密度

资料来源：1997~2010年《中国统计年鉴》《中国城市统计年鉴》。

第二节 土地财产权利损失与平等

传统经济学理论将生产要素分为劳动、资本、土地和企业家才能，认为国民收入由上述四种要素共同创造。与此相对应，国民收入也由这四种要素的报酬组成：工资、利息、地租和利润，即各个生产要素的价格。提供劳动力的工人得到工资，资本家得到利息，土地生产要素的所有者得到地租，具有企业管理才能的经理人得到利润。

土地不仅是一种资源，更是一种重要的财产。从理论上说，农地转用所涉及的补偿、安置的货币价格应该等于农地所有权的对价，这是土地财产属性的重要体现，对农民福利状况有重大影响。我国征地补偿计算方法采取的综合年产值倍数法，即按照被征用土地前三年综合平均年产值的倍数进行补偿，补偿价格由土地补偿费和安置补偿费两部分构成。在计划经济时代，这种补偿标准问题不大，原因一方面是城乡土地价值并未差异巨大，另一方面是当时政府会将失地农民安排到城市企业等非农业部门工作，在计划经济时代，非农业部门工作机会受制度限制是稀缺资源，到城市工厂里当工人对农民有巨大的吸引力，且工资收入相差巨大，城乡居民身份所带来的利益差异足以弥补失地带给农民的损失。现在，一方面政府已经不负责将失地农民安排进城市工作，另一方面农民搜寻非农就业机会的成本大大降低，不再依靠土地换取工作机会，但打工的不稳定性等各种风险也使得农民对非农收入所带来的效用评价降低。同时，改革开放以来的经济增长过程中，价格上升最快的就是供给弹性相对较低的土地（林毅夫，2004），而土地增值收益的大部分被地方政府和开发企业所占有，难免使农民有种被剥夺的感觉。

产值倍数补偿标准不能完全反映农地对农民的价值内涵，缺乏从福利改善角度进行补偿的考量。上述补偿标准无论是高限还是低限，都不能够使失地农民保持原有的收入和生活水平，不足以弥补农民因被征地而造成的福利损失。这种补偿标准未能体现农地用途转变的增值价值，也没有体现土地变性后的市场供求状况，偏离了市场经济的价值规律和价格传递资源稀缺性的原则，这种纯粹的补偿关系在市场经济条件下显得很不合理。由于农地城市转用的巨大增值空间，这种补偿方式按照农产品价格计算而不是按照土地的市场价格计算，不能反映农民的土地发展权益，这种计算方法明显具有剥夺农民的倾向。

按照现行的征地补偿标准规定，按"产值倍数法"的计算方式给予农民补偿，从实际操作中出现的农民上访频次过高的现象来看，这种计算方法难以服众，根本原因是征地补偿标准不包含农地转用后的增值部分，即土地财产的未来收益没有得到体现。大量理论研究的结果显示（黄朝明，2008；梁爽，2009；等等），在现行土地收益分配结构下，农民集体和个人所得到的收益占比过小，大部分收益被土地非农使用者和地方政府获得。另外，由于工农业产品存在"剪刀差"，运用倍数法确定的土地征用补偿标准也偏低，根据任浩等（2003）的估算，用补偿倍数法计算的征地补偿只相当于农地价格的1/5左右，修正后的土地补偿价格也只相当于农地价格的2/5。其他学者的测算表明，改革开放以来，通过各种形式的"剪刀差"，征用土地至少从农民身上拿走近5万亿元的土地收益。目前的城市化进程是由低成本的农地非农转用推动的，这种低成本是以农村土地所有者的利益受损为代价的。

出于今后生活水平不降低的考虑，虽然农业收入在家庭总收入中的份额有所降低，由于农地承担了社会保障的功能，当补偿价格不能达到农民对于征地后生活成本上升的心理价位，农民一般是不愿意放弃土地的。征地方为了拿到土地，或者与农民进行长时间的谈判，或者动用行政权力采取强制手段，后者常常引起征地冲突和矛盾。较低的征地补偿标准为地方政府获取出让金收入提供了较大的空间，有利于外部资金的进入，同时也压低了城市建设用地的市场价格，扭曲了土地的成本价格，导致建设用地的粗放利用，效率低下。对于城市用地单位来说，如果征地补偿费用接近改造现有建设用地的费用，用地单位倾向于征用新的土地而不愿改造旧有建设用地，城市土地资源配置偏离效率标准。

补偿费中没有土地增值部分，也不符合中共十六大以来提出的"各种生产要素按贡献参与分配的原则"，土地资源是重要的基础性生产要素，其价格依市场供求关系而定。农民的土地承包经营权作为一种产权，其价格由土地的盈利能力、增值潜力确定。根据地租理论，土地资源的价值取决于其地理位置、产出能力、规划开发、投资等因素，其增值部分应作为极差地租由土地产权所有者和征地方共同占有。因此，作为农地所有者的农村集体和农民有权参与土地转用增值收益的分配。农民在以农业劳动参与社会生产的过程中，以市场价格购买生产资料和生活资料，但土地征收以远远低于市场价格的补偿标准拿走农民拥有和使用的土地，农地的财产属性没有得到体现。《中华人民共和国农村土地承包法》等相关法律规定，目前我国农村的土地性质是"集体所有"，但并没有明确指出"集体"的主体，这里的"集体"可以是乡集体、村集体或者村民小组。正因为没有一个明晰的"所有集体"及其代表的"所有人"，才会在事实上造成它们当中的任何一方都无法得到"所有者"应该得到的收益权和完整的处置权（党国英，2005）。越是稀缺的要素，投入生产的边际效用越高，价值越大。社会主义市场经济按生产要素参与分配，以生产要素贡献为标准，按照这个原则分配农地转用后的经济收益，若产权界定清晰，农村土地所有者——村集体应该得到相应的报酬。

一、模型基础

在现代主流经济学中，通常假设土地供给是无弹性的，土地的数量固定不变，对土地的需求是唯一的决定因素。这一假设对于处于高速工业化和城市化的我国经济社会转型期的现实是不适用的。20世纪90年代以来，通过农地非农化这一途径，大量农村土地转为城市建设用地，新增建设用地的投入量对经济总量的增长起到了显著的影响和贡献（李明峰，2010）。对于已经完成工业化和城市化的发达市场经济国家，土地供给无弹性的假设是基本成立的。由于这些国家基础设施建设、产业布局等渐趋成熟，经济发展对土地要素的需求下降了。而对于大多数发展中国家来说，产业结构布局调整以及剩余劳动力的城市转移必然带来土地资源需求的增长，土地作为基础性生产要素，对城市非农经济部门的产出增长起到重要作用，是不可或缺的重要资源。

农地非农转用、城市利用的效率也是一种投入—产出关系，经济学中的生产理论和生产函数方法被公认为是分析投入—产出效率的恰当工具。柯布—道格拉斯生产函数将一国（地区）的经济增长总量分解为投入要素的来源及其投入产出关系，模型将劳动力和资本作为主要的生产投入要素，将科技进步、制度以及土地作为综合要素考虑。Mills 于 1967 年提出了城市经济的一般均衡模型[①]，即城市产品产出与其投入要素——土地、劳动力和资本通过柯布—道格拉斯生产函数的形式进行生产。本书为了考察城市化进程中土地生产要素投入量的价值，运用柯布—道格拉斯生产函数来描述土地生产要素对应的报酬在国民收入中的比重。依照 Mills 的理论，城市非农业部门产出的柯布—道格拉斯生产函数的表达式为：

$$Y = Ae^{\lambda t}K^{\alpha}L^{\beta} \quad (A、\lambda \neq 0，\alpha > 0，\beta > 0) \tag{6-1}$$

式（6-1）中，Y 为产出，K 为资本投入量，L 为劳动投入量，α、β 分别为资本和劳动力的产出弹性系数，$Ae^{\lambda t}$ 通常指广义技术进步的水平，λ 为科技进步率，表示科技进步使产出增长的部分，t 为时间。

考虑到在城市化、工业化发展阶段，土地对经济增长的作用同样突出，借助柯布—道格拉斯生产函数的构造机制，将土地生产要素引入，用 E 表示土地要素投入面积，那么包含土地生产要素的生产函数可以表示为：

$$Y = Ae^{\lambda t}K^{\alpha}L^{\beta}E^{\gamma}(A、\lambda \neq 0，\alpha > 0，\beta > 0，\gamma > 0) \tag{6-2}$$

其中，E 为建设用地面积，参数 γ 为土地的产出弹性系数。对式（6-2）两边取自然对数，得到：

$$\ln Y = \ln A + \lambda t + \alpha \ln K + \beta \ln L + \gamma \ln S \tag{6-3}$$

经济增长中各要素的产出弹性是分析经济增长中科技进步贡献率的关键。所谓某种要素的产出弹性是指在一定的技术和其他要素保持不变时，该种要素的投入增长 1%，将导致总产出增长的百分比，产出弹性用以反映总产出对该要素变化的反应敏感程度。

用式（6-1）、式（6-2）中的 α、β、γ 表示投入产出弹性，可以通过下列分析得出。以资本产出弹性为例，这一指标主要反映资本要素投入的增加对产出增加的影响。根据弹性的定义可知，资本投入要素的产出弹性为：

---

① Mills.E.S，"An aggregative model of resource acllocation in a metropolitan area"，*American Economic Review*，Vol.57，1967，pp.197-210.

$$\frac{\Delta Y/Y}{\Delta K/K} = \frac{\Delta Y}{\Delta K} \times \frac{K}{Y} \approx \frac{\partial Y}{\partial K} \times \frac{K}{Y} \tag{6-4}$$

由式（6-3）中两边对 K 取导数得：

$$\frac{1}{Y} \times \frac{\partial Y}{\partial K} = \alpha \times \frac{1}{K} \Rightarrow \alpha = \frac{\partial Y}{\partial K} \times \frac{K}{Y}$$

由此可知，α 为资本投入要素的产出弹性系数。同理可证明 β、γ 分别是劳动力和建设用地的产出弹性系数。

对式（6-3）两边对时间 t 求导，经整理可得：

$$\frac{1}{Y} \times \frac{\partial Y}{\partial t} = \lambda + \alpha \times \frac{1}{K} \times \frac{\partial K}{\partial t} + \beta \times \frac{1}{L} \times \frac{\partial L}{\partial t} + \gamma \times \frac{1}{E} \times \frac{\partial E}{\partial t} \tag{6-5}$$

从式（6-5）可以看出，土地要素 E 的投入量对国民经济产出 Y 有直接影响，调整 E 的不同水平，将形成与土地要素 E 对应的产出水平。在式（6-5）中，$\frac{1}{Y} \times \frac{\partial Y}{\partial t}$ 为经济增长率，$\alpha \times \frac{1}{K} \times \frac{\partial K}{\partial t}$ 为资本投入对经济增长的贡献率，$\beta \times \frac{1}{L} \times \frac{\partial L}{\partial t}$ 为劳动力投入对经济增长的贡献率，$\gamma \times \frac{1}{E} \times \frac{\partial E}{\partial t}$ 为建设用地投入对经济增长的贡献率。经济增长率为资本贡献率、劳动力贡献率与建设用地贡献率之和。因此，土地要素投入量对经济增长率有重要影响，在技术水平不变和其他要素投入增长速度不变的情况下，经济增长率与土地要素投入增长速度存在正相关关系。在农地城市转用问题中，将 Y 设定为城市 GDP，E 为城市新增建设用地，K、L 对应新增固定资产投资和人力资本投入量。

二、数据选取

选取 1996~2009 年城镇地区第二、第三产业增加值，资本存量，城镇第二、第三产业就业人口，建设用地面积等数据，数据来自各年《中国统计年鉴》《中国城市年鉴》《国土资源公报》等。城镇第二、第三产业产值用居民消费价格指数调整为以 1996 年为基期的时间序列，计算资本存量所需城镇第二、第三产业投资数据用固定资产价格、投资价格指数调整为以 1996 年为基期的时间序列，土地生产要素投入由城市建成区面积计算得出，城镇第二、第三产业资本存量根据永续盘存法公式计算得到：

$$K_t = K_{t-1}(1 - \delta_t) + I_t \tag{6-6}$$

式（6-6）中，K_t 表示第 t 年城镇第二、第三产业资本存量，K_{t-1} 表示上年城镇第二、第三产业资本存量，I_t 为第 t 年城镇第二、第三产业新增固定资产投资，δ_t 为资本折旧率，在此根据 Young 的研究结果取 6%[1]。

三、回归结果

用上述经过调整的 1996~2009 年全国城镇第二、第三产业资本 GDP、资本存量、就业人口和土地要素投入数据对扩展的 C-D 生产函数进行回归分析，为了避免多重共线性，用 C-D 生产函数的对数形式来估计模型参数，对公式两边取对数，模型转换为：

$$InY = InA + \lambda t + \alpha InK + \beta InL + \gamma InS$$

$InA + \lambda t$ 为常数，则方程形式转化为：

$$InY = c + \alpha InK + \beta InL + \gamma InS$$

用 Eviews 5.0 软件进行回归，结果如表 6-1 所示。

表 6-1 回归结果

Variable	Coefficient	Std. Error	t-Statistic	Prob.
C	-32.99146	8.024364	-4.111411	0.0021
Lnk	0.474789	0.15759	2.822446	0.0166
LNl	0.341818	0.162789	2.099765	0.0918
Lne	0.207207	0.049183	4.212991	0.0018
R-squared	0.958244			
F-statistic	287.6667			
Prob（F-statistic）	0.000346			

回归结果显示，$R^2 = 0.958244$，模型拟合优度较高，说明自变量城镇地区资本存量及第二、第三产业就业人口和土地要素投入能够解释城镇第二、第三产业产值的增长。F 值为 287.6667，且通过了显著性检验，说明三种要素整体对因变量影响显著。

---

[1] Young 在 Gold into Base Metals: Productivity Growth in the People's Republic of China during Reform Period 的研究中指出，中国非农产业的经济折旧率可取 6%。载 *The Journal of Political Economy*, Vol.111, 2000, pp.1220-1261。

资本存量、劳动力和土地投入对城镇第二、第三产业的产出弹性分别为：0.474789、0.341818、0.207207，分别在5%和10%的水平下通过显著性检验。土地要素的产出弹性小于资本存量和劳动力，资本存量的产出弹性系数与其他代表性文献（邹至庄，1993、2007；赵凌云，1992；等等）0.6左右的结果相比较低，原因可能是将土地要素投入从资本存量中独立出来计算造成的。

通过上述回归结果，可以看出我国城镇化进程中农地城市配置的如下特征：

（1）劳动力投入和土地要素投入的系数之和大于资本存量的系数，说明劳动力和土地投入对城镇第二、第三产业的贡献较大，这也验证了农村剩余劳动力转移和农地转用已成为这一阶段城市经济增长的主要推动力。

（2）计算1996~2009年城镇第二、第三产业产值和建成区面积的年平均增长率分别为33%（以1996年为不变价格计算）和0.6%，第二、第三产业产值增长速度远高于土地要素投入的增长速度，从这一点可以看出土地要素的投入产出效率较高。但从方程的回归结果看，土地要素的投入产出系数仅为0.207207，也就是1个单位的土地投入仅能够拉动21%左右的第二、第三产业产值增长，这说明城市土地使用效率较低，存在土地资源粗放利用的现象，大量征而不用的闲置土地造成巨大浪费，城市内部现有存量土地潜力巨大。

（3）回归方程中三种投入要素的系数之和为1.02，近似于1，表明城镇第二、第三产业发展处于规模报酬不变阶段。这说明从总体来看，我国城市化依靠大规模要素投入特别是资金、土地拉动的发展优势已经基本充分发挥，即依靠农地城市转用和大量资金投入来推动城市经济增长的规划优势已不明显，应着力从提升科技水平、提高资源使用效率入手，寻求新的经济增长点。

（4）在C-D生产函数中，在规模报酬不变的情况下，各投入要素的系数也就是在产出中所占报酬的份额。根据回归的结果，1996~2009年土地投入要素的产出系数为0.207207，与各年城镇第二、第三产业产值相乘得到土地要素的报酬，计算得到总和为410814.705亿元。也就是说，在完全产权的状态下，如果农村集体作为土地所有者有权参与农地城市转用后的土地收益分配并获得全部报酬的话，1996~2009年所能获得的收益总和约为41万亿元（以1996年价格计算）。取5%的无风险利率，以15年期，用终值折现公式计算，1996~2009 年转入城市非农使用领域的农地资产价格为38.07619 万亿元，也就是说，进入城市非农领域的农村集体土地的价格为 38.07619 万亿元（按1996 年价格计算）。

第三节　小结

20 世纪 90 年代后期以来的城市经济增长中，劳动力要素和土地要素的投入起到了重要作用，这两个要素对城镇非农产业产值增长的贡献超过了资金投入，这与劳动力报酬和土地价格的扭曲有关，这一趋势加剧了城乡资源不平衡流动。城市内部存在土地粗放利用现象，存量土地利用潜力巨大，应通过土地集约利用、整治闲置土地，增加土地要素投入产出效率。城市经济增长进入规模报酬不变阶段，应通过技术进步使资源要素组合效率进一步提高，转变城市经济粗放增长模式。

产权的"兑现"构成产权主体经济收入的一部分，而货币收入则是福利水平的重要量化指标，对福利状况有重要影响。产权的可转移和兑现程度影响着收入的转移，因此产权结构对福利有重大影响。村集体作为农村土地所有者的地位和权益未得到体现，农民土地的征用过程并不是所有权的等价交换。从土地要素贡献占国民收入份额来看，以不降低农民现有生活水平为原则的补偿标准，没有考虑农地的长期增值潜力和农民社会保障问题，即便如此，在实践中还存在人为压低补偿标准，补偿费用的挪用、截留问题。现有征地补偿标准导致了农民土地权益无法实现。在实践中明晰农民土地产权才能促进土地资源城乡流动和合理配置。在集体所有制的前提下，规范集体土地产权，特别是对农地非农转用的相关权利分界进行划分，使村集体或农民享有农地交易和产权兑现的权利，实现农地城市转用的公平交易，使农民不仅获得农地农用补偿，发展权利也应得到体现，国家对于农地非农转用的管理和收益权利应通过税收方式实现。

第七章　结论

前述章节围绕城市化进程中土地资源在城乡之间的配置效率和利益分配机制问题，基于"产权制度结构影响社会福利"这一理论假设，以城乡社会总体福利最大化为目标，探索中国城市化、工业化进程中的土地资源配置最优化的制度前提，针对农地城市转用过程中的市场失灵、政府失灵以及土地资源配置机制造成的价格扭曲进行了理论上的探讨和论证，并对现有制度造成的土地利用效率和财产权利损失以及农户土地政策评价的影响因素进行了实证分析。本章将对研究的主要结论进行总结，在此基础上提出简要的政策建议。

第一节　本文的主要研究结论

（1）制度结构作为市场运行的外部环境，对于经济体系运行的绩效至关重要。现有土地产权结构决定了利益相关各方对土地新增收益的合法占有状况，其中，征地制度安排中关于交易规则的规定决定了交易方攫取利益能力的差异，因此，土地产权制度安排决定了个人福利和社会福利的变化趋势和潜在可能。

（2）制度结构（产权结构）对交易均衡结果有直接影响，对社会福利分配有直接影响；从一般意义上的生产要素投入—产出讨论帕累托效应对社会福利的影响意义并不大，社会函数的选择取决于制度结构所决定的产权结构。不同社会福利函数的选择反映公共选择者对不同利益群体福利权重的分配。这一过程中，各利益主体的话语权和力量对比将对福利格局产生决定性影响。城市化、工业化倾向的农地城市转用制度安排，决定了社会福利函数选择偏离城乡均衡进行低价征地，通过挤压农村福利空间推动了城市经济的快速增长。因此，城乡福利状况的相对改善有赖于土地制度结构的调整。

（3）理论推导的结果证明，福利最大化是需要制度为前提的，而现行土地制度结构与城市化的福利目标之间是不相容的。在农地城市转用的制度结构与福利影响问题上，关键是政策目标与经济主体的利益一致性问题。制度结构对经济主体行为产生激励和约束，农地城市转用过程所涉及的经济主体——农民、地方政府和中央政府也处在这样的利益驱动机制下，他们各自的目标不一致、成本函数不一致。虽然农地向城市转用符合城乡双方的整体利益诉求，但由现行制度交易规则所决定的土地收益分配机制激励利益主体各方做出不利于其长期偏好（目标）和政策目标的行为选择。

（4）资源保护、粮食安全、环境问题这些土地资源利用的外部性问题无论对于地方政府还是农户，都不能带来现期利益的激励，因此这两方并无直接动力阻止农地过度非农化。公平、公正是国家政策的内在价值目标之一，社会经济可持续发展、政治稳定的执政目标也会为国家提供将外部性内部化的激励，因此中央政府有义务也有动力对不同群体、不同地区以及代际之间的福利进行平衡，因此，农地城市转用的"终极"权力，即农地非农化的权利，必须界定给国家，其内在目标与土地资源城乡配置的福利最大化目标具有一致性。农地非农转用过程中的权利界定的关键，是如何明晰市场行为与政府干预的边界，既要使外部性内部化的成本最小，又要体现农地所有者的市场地位。因此，在国家通过规划控制农地城市转用规模的基础上，要在土地征收环节引入市场机制，交易双方通过讨价还价得以表达自身偏好和福利评价，国家所拥有的农地非农化"终极"产权可通过税收等方式实现。

（5）土地作为一种具有稀缺性的生产要素资源，也是重要的财富增长源泉，这一性质决定了对土地权利的重新分配是一种市场获利机会的再分配，具有初始资源禀赋调整、财产再分配的性质。因此，征地制度安排直接决定了人们的生活质量和获利机会的获取，社会整体福利最大化的政策目标要求注重收益分配的平等性，至少不应使利益相关主体现有生活水平出现下降。

（6）在外部性不能内部化的情况下，规则公正则成为制度调整的关键之处。以帕累托改进的标准来看，农地转用制度变迁的底线是农民失地前后实际福利水平至少不下降。但现行制度结构划分使得中央政府、地方政府与农户之间的力量对比失衡，造成了征地程序的不公正以及现有征地制度的低效率。城市化进程导致的土地需求增加，使土地相对价格发生变化，这种变化使得非农化的土地价值的界定变得"划算"和容易，因此要实现土地资产净值及其社会福利的最大化,制度设计者应通过增加符合利益主体各方偏好/利益的选择集,进行制度创新和制度变迁以增加社会总福利。

（7）基于 Logit 模型对农民土地转用福利评价的影响因素进行研究,结果表明,征地补偿标准和货币补偿在农户福利感受和满意度评价中并不是最主要的影响因素,征地程序的公正性、农地所有者市场地位平等性对评价结果具有显著影响,证明了城市化所带来的土地收益分配的平等性、程序的正义性对社会福利评价有重要影响。尽管农民是征地活动所涉及的当事人,并且是福利水平受征地行为影响最直接的主体,但却被排除在征地活动之外,缺乏必要的参与决策权与知情权,这导致了农民对征地补偿安置政策的不满。在农民看来,土地征收就是强买强卖的行为,因为地方政府的征地权是行政权力,即使能够与征地方"讨价还价",但最终的强制征收是法定行为,即使存在地方政府对农民土地权益的攫取行为也是依法进行的,这就加剧了农民的抗争心理和不合作行为,增加了农地城市转用的潜在成本。

农民普遍认为土地被征用后难以保持征用前的生活水平,受技能、受教育程度、年龄、适应性等方面的限制,失地农民往往难以迅速找到替代收入来源,失去土地给他们内心造成了极大的不安定感。失地农民向市民的转换不仅仅是户籍的、身份的,这一过程所需要耗费的成本以及这部分成本由谁承担也是不容忽视的问题。

（8）对土地利用宏观统计数据的分析表明:由于劳动力报酬和土地价格的扭曲,20 世纪 90 年代后期以来,劳动力要素和土地要素的投入对城镇非农产业产值增长的贡献超过了资金投入,这一趋势加剧了城乡资源不平衡流动;城市内部存在土地粗放利用现象,存量土地利用潜力巨大;我国城市化依靠农地城市转用和大量资金投入来推动城市经济增长的规划优势已不明显,应着力从提升科技水平、提高资源使用效率入手,寻求新的经济增长点;产权的"兑现"本应构成产权主体经济收入的一部分,现有征地补偿机制导致了农民土地权益无法实现,根据扩展的 C-D 生产函数进行粗略估算,1996~2009 年进入城市非农领域的农村集体土地的价格约为38.07619 万亿元（按1996 年价格计算）。

第二节　政策建议

综上所述，农村土地产权不清晰、征地程序不公平、利益各方力量对比失衡是造成农地城市转用福利损失的主要原因。清晰地界定产权、为产权交易创造良好的市场规则、明确各主体权利边界，能够有效提高制度效率和经济效率，增进农地转用福利最大化。基于上述结论，本书提出以下政策建议。

一、社会主义市场经济土地平等观

"平等"反映了现实经济结构的利益关系（李纪才，2008），这种经济结构决定了分配结构，一定历史发展阶段的平等观反映了特定社会福利函数的政策目标。经济关系的平等是和谐社会的应有之义，要使得土地制度变迁的方向符合社会福利最大化的效率与平等目标，首先要建立社会主义市场经济土地平等观，这种平等观应该既充分尊重交易主体的合法权益，又符合我国社会主义初级阶段的发展实际。

（一）实现农村土地所有者的产权主体地位

马克思主义者罗默（1997）曾经指出，社会主义中的地位不平等将造成收益分配的不平等。在土地权利上，这种不平等体现为城乡土地产权规定性的差异。农村土地产权缺乏明晰的主体，在残缺的产权状态下，土地转用过程中权益容易受到侵害。吴敬琏（1998）指出，市场是一体化的还是分割的，关键在于市场规则。分割的市场主要是指由于市场规则不一致而引起的市场割裂①。城乡土地制度产权规定的差异体现了规则的不一致，农村土地要素流动的范围和方式面临多重制度约束，农民土地权益难以保障。城乡土地市场交易规则的统一能带来效率的改进，提高社会总福利水平。

（二）机会平等

我国城乡土地市场现在处于"两种产权、两个市场"的分割状态，农村土地流动受限，转用价格低，城市土地服从价格调节的市场机制，二者之间

---

① 吴敬琏：《论竞争性市场体制》，广东经济出版社1998年版，第97页。

的差价成为一些行为主体违规、寻租的激励。通过制度性规定赋予土地经济产权，土地的财产性收入才能实现。制度不公正所造成的财富分配不公，农村土地权利缺乏制度性保障，是土地纠纷和矛盾的根源。无论土地是国家所有还是农村集体所有，在土地权利上应该是平等的，通过制度创新，转变单一的政府征用方式，征用补偿价格农地的真正价值和农民土地权利，建立城乡一体化的土地市场，城乡土地获得同等的参与城市化、工业化收益分配的机会。

（三）以生产要素按贡献参与分配为原则，实现农地财产权

中共十六大报告提出"确立劳动、资本、技术和管理等生产要素按贡献参与分配的原则"，在此基础上，中共十七大报告进一步提出"健全劳动、资本、技术、管理等生产要素按贡献参与分配的制度"，特别指出要"增加群众财产性收入"。在市场经济的条件下，生产要素的使用不是无偿的，必须要支付一定的报酬。具体到土地要素上，这种报酬就体现为以地租、地价为特征的用地成本。土地资源具有稀缺性，因此作为一种生产要素，土地具有显著的社会财富分配功能。

土地作为一种生产要素参与生产过程，其所有者和经营者有权参与增值收益的分配。国家低价征用集体土地的政策只强调土地作为自然资源的属性，而忽视了土地的生产要素属性。农村集体及其成员作为农地的所有者和经营者，理应获得土地作为生产要素参与城市化、工业化生产过程的社会平均利润水平的地租回报。

土地增值收益分配，应体现社会主义市场经济的价值规律和分配原则。无论是否出于公共利益，农地征收、使用补偿都要体现土地产权的价值。因此，土地增值收益的分配机制既不是计划经济下无偿、低价的行政手段，也不是追求收益分配的绝对均等和平均化，而是具有中国特色的社会主义生产关系的体现，要实现社会生产力与社会平等、社会公正的同步发展，二者相互促进。城市化所带来的收益分配惠及面的扩大将使我国的改革进程获得更广泛的认同，这种认同将是城市化和谐推进的内在动力。

（四）政府调节

土地生产要素的基础性地位以及土地利用的外部性，决定了政府调节的必要性。但是在市场经济条件下，政府对于农地城市转用的收益分配调节不应再是强制性的，而应该采用市场经济的方式。政府的调节作用应体现在土地利用规划、监督征地程序规范、保障合法土地权益、解决失地农民社会保

障问题上。政府对于土地的宏观调控作用则体现在管理职能上，应逐渐退出经营领域。

城市化进程中农地产权市场化取向应成为确立农地产权主体地位的基础内容，这一方向符合社会主义市场经济价值观，将市场机制和政府规划引导相结合，可促进土地资源在城乡的合理流动和优化配置，同时实现城乡社会福利的最大化。

二、政策建议

（一）调整制度结构，提高土地资源配置效率

产权、制度规定了人与人之间的关系，从根本上说，产权制度安排决定了人们在经济交往中的平等性、经济行为的界限范围、产权的行使范围等。根据新制度经济学的理论，完善的农村土地产权制度是构建符合效率与平等标准的土地征收制度的基础。建立完善的土地征收制度体系，关键是发挥国家的制度构建职能。市场经济是一种交换的经济，实质是经济主体之间权利的交换，即产权的交易。在农地产权缺乏保障的前提下，交易双方的活动费用是高昂的。农地产权制度的创新能够通过建立征地主体共同认同的规则实现交易过程的有序化，从而降低交易费用，进而通过节约交易费用影响土地资源配置的社会总体福利。现行土地征用过程中出现的问题原因在于土地产权制度以及计划经济体制的遗留，因此必须通过制度创新建立一种保障农民长期福利水准不下降的机制，提高土地征用补偿的效率。

现行征地制度造成了土地征用补偿价格过低，而政府的垄断地位又在总体上推高了土地二级市场的价格。农村土地自发流入市场也是生产要素合理流动的必然结果，通过产权形式多元化使农村集体土地进入土地市场，通过市场机制形成的价格较为接近农地的价值评价，从而为建立合理的征用补偿标准提供参考。我国农村土地属农村集体所有，农民作为集体的成员，拥有基于成员权的土地使用权以及农地收益获取权，应探索建立多元化的产权制度结构。在实践中各地也进行了多种形式的探索，如有些地方政府在土地开发后的非农使用中给予农民部分股份，农民能够参与分享土地要素进入第二、第三产业的报酬，为失地后的生活提供了一定程度的保障。

（二）改革土地征用制度特别是土地征用程序

程序的公正合理有利于降低交易成本，社会公正要求程序公正，通过程

序公正实现平等。

首先，要通过制度变革改变现阶段征地过程中对地方政府的利益激励。一方面是低价征地、招商引资的利益诱惑，另一方面是违法征地的低惩罚代价。农地城市转用过程中地方政府无限制征地、滥用征地权违法征地现象大量存在。由于监督违法征地的高信息成本，一般都是征地行为已经完成，引发了农民上访等反抗行为时才能被上级政府发现。因此，要通过制度规定规范地方政府的行为界限，同时严格限定公共利益的范畴，只有出于公共利益目的的用地需求才能动用强制征地权，但也要给予农民满意的补偿标准。

其次，要赋予农民与征地方对等的市场主体地位以及谈判的权利，无论是否由于公共利益需求征用土地，征地程序必须符合自愿、平等的协商过程，在补偿价格双方满意、农民自愿同意放弃土地权利的情况下农地才能被转用。无论土地转用性质是否用于满足公共利益，必须符合同地同价标准。

（三）改变征地过程中地方政府职能

征地程序不合理、征地监督管理落实不到位的主要原因，是地方政府及地方土地相关机构通过违法征地能够获取收益。地方政府既是土地管理者又是土地所有者的制度安排客观上使地方政府具有大量征地的动力，而对滥用征地权的惩罚机制不到位，形成了征地过程中对农民、农村集体土地权益的侵害，加剧了征地过程的矛盾和冲突。将地方政府从土地所有者、土地转用受益者中分离出来是制度改革的关键。地方政府不再进入征地—批租的环节，而只是作为国家法规政策的贯彻实施者发挥宏观控制和执法监督功能，保证征地过程中各部门的公正、公开和合法性，保障土地依法交易。地方政府通过严格落实国家土地利用规划来调控土地需求，在土地资源配置过程中发挥基础性作用。

（四）建立以财产和权利补偿为基础的补偿标准体系

征地补偿标准是农地城市转用的核心问题，也是征地制度改革的难点。虽然出于公共利益目的的征地行为具有法律强制性，但对于土地产权所有者来说，无论是何种方式的土地交易，都应是对原有产权转移进行的补偿行为。与农地所承担的保障、就业、发展功能相对应，征收农地所应该兑现的权利包括农民的就业、发展和社会保障。有学者从"补偿行为是对被征地者的财产进行补偿"的观点出发，提出"损失什么，补偿什么"的原则，补偿的具体内容应包括失去农地本身所造成的资产损失、失地后就业机会的损失以及土地用途变更可能造成土地增值的"机会成本"损失。这一补偿标准也符合

"保证征地前后农民实际生活水平不下降"的底限，补偿应以农地对农民的整体效用为基础，农民所得到的征地补偿应与原来对持有土地的效用评价大体相当，失地后农民能够得到就业、社会保障的合理安置，使现有福利水平达到"经济收入不减少、发展能力不减弱"的状态。失地后的农民已经不再是原来意义上的农民，其生产和生活方式随城市化过程发生改变，其中的大部分人将转变为市民。因此，征地补偿以原来的生产收入和生活方式为标准就失去合理性，而应该以农民城市化后的生活成本、收入情况来确定，即以被征农地所承载的社会功能和失地农民生活安置的实际成本为依据确定补偿标准。依照这个标准，征地补偿要体现土地的潜在收益和利用价值，既应该包含土地所承载的农民生产资料和社会保障功能，也包含市场供求状态所体现的土地资源的稀缺性。

程序公正和收益分配公平将对土地资源配置效率产生影响，也是提高被征地农户政策评价的关键因素。不对称信息是影响甚至摧毁市场效率的。在赋予农民知情权、参与权和申诉权的前提下，征地无论是否出于公共利益目的，实际都将成为征地方与被征地方进行谈判的过程。虽然征地补偿仍然以法定补偿标准为基础，但实际达成的协议极有可能偏离这一价格。因此，最终补偿价格的确定，应该在保障农民现有福利不下降的前提下，以市场交易的谈判方式确定农地转用价格。土地对农民来说不仅是短期内获得农业收入的生产要素，也可在农民长期生存和发展过程中提供基本的保障和就业机会，并且还具有增值的潜力。通过讨价还价，可以将补偿的短期性和长期性结合起来，政府在这一过程中起到的作用是保证谈判双方的信息对称和透明，以及理性地对农民福利状况作出判断。这一方式为征地双方表达自身利益函数提供了空间，确保了农民的土地权益，能够有效防止因征地纠纷而造成农民利益受损进而引起的抗争行为和社会动荡，同时能够使得城市土地用地成本得以有效表达，促使城市用地单位有效利用土地，提高土地资源配置效率。

因此，无论是否出于满足公共利益需要，土地产权的价值都应予以兑现。对于非公益性的用地需求必须避免使用征地手段，通过建立城乡土地市场体系，借助市场方式解决，对于公益性征地也要允许公众参与，依照公正、合法的征地程序征用农民土地，同时征地补偿要基于土地的市场价格，充分体现农民的土地财产权。

参考文献

安宁:《持续审计变迁动因研究——基于新制度经济学视角》,《财会月刊》2011 年第 4 期。

鲍海君:《论失地农民社会保障体系建设》,《管理世界》2002 年第 10期。

巴泽尔:《产权的经济分析》,上海人民出版社 2004 年版。

毕宝德:《土地经济学》,中国人民大学出版社 2001 年版。

庇古:《福利经济学》,晏智杰译,华夏出版社 2007 年版。

蔡继明:《中国土地制度改革论要》,《东南学术》2007 年第 3 期。

蔡运龙、俞奉庆:《中国耕地问题的症结与治本之策》,《中国土地科学》2004 年第 3 期。

蔡运龙:《中国农村转型与耕地保护机制》,《地理科学》2001 年第 1期。

蔡孝趁:《城市经济学》,南开大学出版社 1997 年版。

曹广忠:《土地财政、产业结构演变与税收超常规增长——中国"税收增长之谜"的一个分析视角》,《中国工业经济》2007 年第 12 期。

陈德伟:《征地中的农民土地产权问题》,《中国土地》2002 年第 3 期。

陈国润:《依法利用土地资源,促进科学发展》,《朔州日报》2009 年6月 16 日。

陈鹤琴:《经济计量学》,中国商业出版社 1987 年版。

陈江龙、曲福田:《土地征用的理论分析及我国征地制度改革》,《江苏社会科学》2002 年第 2 期。

陈江龙:《经济快速增长阶段农地非农化问题研究》,南京农业大学博士学位论文,2003 年。

陈江龙、曲福田:《土地登记与土地可持续利用——以农地为例》,《中国人口·资源与环境》2003 年第 5 期。

陈伟、严长清:《开发区土地要素对经济增长的贡献——基于江苏省面板数据的估计与测算》,《地域研究与开发》2011 年第 10 期。

陈为公:《土地科学导论》,经济科学出版社 2010 年版。

陈锡文：《关于我国农村的村民自治制度和土地制度的几个问题》，《经济社会体制比较》2001年第5期。

陈有川：《大城市规模急剧扩张的原因分析与对策研究》，《城市规划》2003年第4期。

陈欣欣、史清华、蒋伟峰：《不同经营规模农场效益的比较及其演变趋势分析》，《农业经济问题》2000年第6期。

党国英：《农村土地管理制度改革现状思考》，《中国土地》2005年第2期。

党国英：《当前中国农村制度改革的现状与问题》，《华中师范大学学报》（人文社会科学版）2005年第7期。

党国英：《土地制度对农民的剥夺》，《中国改革》2005年第7期。

党国英：《关于土地制度改革若干难题的讨论》，《中国经贸导刊》2010年第12期。

戴维·皮尔斯著：《世界无末日：经济学·环境与可持续发展》，张世秋等译，中国财政经济出版社1997年版。

丹宁格：《促进增长与缓减贫困的土地政策》，中国人民大学出版社2007年版。

邓大才：《从效率与公平角度看农村土地制度变迁方向》，《地方政府管理》2001年第1期。

邓国禄、郑尚植：《新老制度经济学变迁理论比较研究》，《合作经济与科技》2008年第5期。

丁光伟：《我国农用地资源变化的驱动力分析》，《国土开发与整治》1997年第2期。

董柯：《国家干预下的市场经济：中国城市土地利用的可持续发展之路》，《城市规划》2000年第2期。

杜明义、赵曦：《农地租值耗散与农民土地权益保护》，《贵州社会科学》2009年第1期。

杜宜军：《我可以获得哪些土地补偿?》，《农村实用科技信息》2010年第9期。

方鹏：《农村土地流转制度与市场发育研究——以江苏省为例》，南京农业大学硕士论文，2001年。

冯子标：《土地市场化与"三农"问题的出路》，《中国农村观察》2002年第5期。

傅大友、芮国强：《地方政府制度创新的动因分析》，《江海学刊》2003年第8期。

高汉：《集体产权下的中国农地征收问题研究》，上海人民出版社 2009 年版。

耕地保护问题专题调研组：《我国耕地保护面临的严峻形势和政策建议》，《中国土地科学》1997 年第 1 期。

谷继建：《大规模"农转非"的福利经济学分析——以重庆为案例》，《现代经济探讨》2011 年第 4 期。

国家土地管理局译：《城市土地经济学》，中国人民大学出版社 1990 年版。

国土资源部：《土地市场制度建设调研分报告之四》，《国土资源通讯》2002 年第 4 期。

国土资源部土地利用司：《重构土地收益分配体系，实现土地配置效率与公平》，《国土资源通讯》2002 年第 4 期。

赫舒拉发：《价格理论及其应用》，机械工业出版社 2009 年版。

韩洪今：《中国农村土地制度中的公平与效率》，《哈尔滨工业大学学报》（社会科学版）2004 年第 3 期。

黄朝明：《征地收益分配研究》，中国农业科技出版社 2008 年版。

黄谷秀：《意思自治与市场经济》，《湘潭师范大学学报》（社会科学版）2001 年第 6 期。

黄祖辉、汪晖：《非公共利益性质的征地行为与土地发展权补偿》，《经济研究》2002 年第 5 期。

黄祖辉：《我国土地制度与社会经济协调发展研究》，经济科学出版社2010年版。

胡文政：《现行土地配置制度的弊端与成因》，《中国土地》2005 年第 7 期。

胡象明：《广义的社会福利理论及其对公共政策的意义》，《武汉大学学报》（社会科学版）2002 年第 4 期。

胡伟艳：《城乡转型与农地非农化的互动关系》，华中农业大学博士学位论文，2009 年。

胡文政：《现行土地配置制度的弊端与成因》，《中国土地》2005 年第 7 期。

黄广宇等：《城市边缘带农地流转驱动因素及耕地保护对策》，《福建地理》2002 年第 1 期。

黄宁生：《珠江三角洲耕地面积减少与经济增长的关系》，《地理学与国土研究》1999 年第 4 期。

黄少安、孙圣民、宫明波：《中国土地产权制度对农业经济增长的影响——对 1949~1978 年中国大陆农业生产效率的实证分析》，《中国社会科学》2005

年第 3 期。

黄少安、刘明宇:《公平与效率的冲突:承包制的困境与出路——〈农村土地承包法〉的法经济学解释》,《经济社会体制比较》2008 年第 3 期。

黄速建、刘建丽:《社会反响、竞争规则及其变动趋势:自大型国企垄断切入》,《改革》2010 年第 8 期。

黄维芳:《产权理论框架下小产权房的开发管制研究》,《经济体制改革》2011 年第 1 期。

贾绍凤等:《日本城市化中的耕地变动与经验》,《中国人口·资源与环境》2003 年第 1 期。

贾生华、张宏斌:《中国农地非农化过程与机制实证研究》,上海交通大学出版社 2002 年版。

蒋乃华:《农村城市化进程中的农民意愿考察》,《管理世界》2002 年第 2 期。

纪琼骁:《中国金融监管制度的变迁》,武汉大学博士学位论文,2005年。

靳相木、沈子龙:《国外土地发展权转让理论研究进展》,《经济地理》2010 年第 10 期。

柯武刚、史漫飞:《制度经济学——社会秩序与公共政策》,商务印书馆2000 年版。

金木:《耕地非农化中必须保障农民利益》,《上海农村经济》1997 年第 8 期。

梁鸿:《苏南农村家庭土地保障作用研究》,《中国人口科学》2002 年第 5 期。

梁爽:《土地非农化过程中的收益分配及其合理性评价——以河北省涿州市为例》,《中国土地科学》2009 年第 1 期。

梁太波:《论我国土地征收制度的完善》,《广西警官高等专科学校学报》2010 年第 4 期。

梁小民等:《经济政策的理论基础》,中国计划出版社 1995 年版。

林乐芬、葛扬:《基于福利经济学视角的失地农民补偿问题研究》,《经济学家》2010 年第 1 期。

林卿等:《土地政策学》,中国农业出版社 2002 年版。

刘祥琪:《我国征地补偿机制及其完善研究》,南开大学博士学位论文,2010年。

刘柞臣:《市场机制、政府措施与耕地保护》,《中国土地》1997 年第11 期。

李慧:《公共产品供给过程中的市场机制》,南开大学博士学位论文,2010 年。

李建华:《公共政策程序正义及其价值》,《中国社会科学》2009 年第1期。

李可:《权利、权威与公正》,黑龙江人民出版社 2010 年版。

李世平：《土地发展权浅说》，《国土资源科技管理》2002 年第 2 期。

林毅夫：《征地：应走出计划经济的窠臼》，《中国土地》2004 年第 6 期。

李鑫等：《建设用地二三产业增站贡献及空间相关性研究》，《中国人口·资源与环境》2011 年第 9 期。

刘芳、许恒周：《农村土地发展权设立的必要性》，《合作经济与科技》2006 年第 1 期。

刘书楷：《土地经济学》，中国农业出版社 2004 年版。

刘守英、蒋省三：《土地融资与财政和金融风险——来自东部一个发达地区的个案》，《中国土地科学》2005 年第 5 期。

刘卫东：《城市化地区土地非农化开发》，科学出版社 1999 年版。

刘维新：《北京的耕地保护与城市发展》，《中国土地报》，1995 年 10 月 22 日。

鲁明中、尹昌斌等：《我国经济发展与耕地占用》，《管理世界》1996 年第 5 期。

鲁明中等：《我国耕地非农占用及其发展趋势分析》，《经济理论与经济管理》，1998 年第 1 期。

吕春梅：《关于集体建设用地直接入市流转的分析和思考》，《广东土地科学》，2011 年第 2 期。

马凯：《中国农村集体非农建设用地市场演化机制研究》，南京农业大学博士学位论文，2009 年。

孟根花：《集体建设用地使用权取得制度研究》，内蒙古大学硕士学位论文，2010 年。

尼古拉·阿克塞拉：《经济政策原理：价值与技术》，中国人民大学出版社 2001 年版。

庞建广：《论我国地方政府土地征收的法律限制》，上海交通大学硕士学位论文，2006 年。

潘明才：《耕地保护制度和相关政策》，《资源产业》2001 年第 6 期。

潘伟、李晓新：《行政补偿制度理论与实务研究》，《2008 年政府法制研究》2008 年第 6 期。

盆铁军、朱守银：《政府资本原始积累与土地"农转非"》，《管理世界》1996 年第 5 期。

曲福田、黄贤金：《中国土地制度研究》，中国矿业大学出版社 1997 年版。

曲福田：《可持续发展战略下的江苏耕地保护问题》，《中国人口·资源与环境》1999 年第 3 期。

曲福田：《资源经济学》，中国农业出版社 2001 年版。

曲福田、冯淑怡：《制度安排、价格机制与农地非农化研究》，《经济学》（季刊）2004 年第 4 期。

曲福田、高艳梅等：《我国土地管理政策：理论命题与机制转变》，《管理世界》2005 年第 4 期。

钱忠好：《耕地保护的行动逻辑及其经济分析》，《扬州大学学报》（人文社会科学版）2002 年第 6 期。

钱忠好：《农地承包经营权市场流转的困境与乡村干部行为》，《中国农村观察》2003 年第 2 期。

钱忠好：《中国农地保护：理论与政策分析》，《管理世界》2003 年第 10 期。

钱忠好：《规范政府土地征用行为，切实保障农民土地权益》，《中国农村经济》2004 年第 12 期。

秦晖：《土地·公平·效率》，《中国土地》1998 年第 1 期。

秦晖：《中国农村土地制度与农民权利保障》，《农业经济导刊》2003 年第 1 期。

王小映：《论土地利用规划的效率与公平》，《国家行政学院学报》2003 年第 3 期。

王小映、贺明玉、高永：《我国农地转用中的土地收益分配实证研究——基于昆山、桐城、新都三地的抽样调查分析》，《管理世界》2006 年第 5 期。

罗杰·珀曼等：《自然资源与环境经济学》（第 2 版），侯元兆等译，中国经济出版社 2002 年版。

尚启君：《农业土地过度非农化与控制途径》，《江西农业经济》1998 年第 3 期。

申海洋：《我国农村土地流转制度改革研究》，中南大学硕士学位论文，2009 年第 11 期。

沈守愚：《设立农地发展权的理论基础和重要意义》，《中国土地科学》1998 年第 12 期。

沈卫中：《征地补偿权的合理性要求及制度安排》，《唯实》2012 年第 3 期。

时红秀：《资源配置方式与产权制度效率》，《山东大学学报》（哲学社会科学版）1996 年第 10 期。

盛广恒：《城市化进程中土地资源配置研究》，河海大学博士学位论文，2004 年。

盛洪：《现代制度经济学》，中国发展出版社 2009 年版。

斯韦托扎尔·平乔维奇：《产权经济学》，经济科学出版社 1999 年版。

隋海鹏：《农村集体建设用地使用权流转法律制度研究》，南京农业大学硕士学位论文，2010 年。

孙海兵、张安录：《农地城市流转决策优化研究》，《地域研究与开发》2004 年第 5 期。

孙希有：《论中国特色社会福利制度的基础》，《福建论坛》（人文社会科学版）2010 年第 2 期。

苏雪燕、刘明兴、陶然：《税费改革与农民负担变化的新趋势——基于东南沿海某县级市的调查分析》，《农业经济问题》2007年第 4 期。

汤芷萍：《城乡一体化进程中的农村集体建设用地改革方向研究——以上海奉贤区为例》，《上海经济研究》2011 年第 10 期。

谭术魁：《中国城市土地市场化经营研究》，中国经济出版社 2001 版。

滕有正等：《环境经济探索：机制与政策》，内蒙古大学出版社 2001 年版。

吴次芳、谭永忠：《制度缺陷与耕地保护》，《中国农村经济》2002 年第 7 期。

吴次芳、杨志荣：《经济发达地区农地非农化的驱动因素比较研究：理论与实证》，《浙江大学学报》（人文社会科学版）2008 年 3 月。

吴英杰：《城市土地利用对经济增长贡献的岭回归分析——以广东省为例》，《社会科学家》2009 年第 6 期。

吴治平、徐徐、洪振杰：《科技进步对温州经济发展影响的实证研究》，《温州职业技术学院学报》2011 年第 3 期。

万举：《制度效率、群体共识与农地制度创新》，《农业经济问题》2010年第 10 期。

王春华：《基于公平与效率框架下的征地补偿问题研究》，南京农业大学硕士学位论文，2007 年。

汪海波：《试论潜在经济增长率》，《国家行政学院学报》2010 年第 10期。

汪海波：《我国投资和消费比例关系的演变及其问题和对策》，《中国延安干部学院学报》2010 年第 11 期。

王晖：《城乡结合部的土地征用》，《中国农村经济》2002 年第 2 期。

王静爱等：《北京城乡过渡区土地利用变化驱动力分析》，《地球科学进展》2002 年第 2 期。

王军：《可持续发展》，中国发展出版社 1997 年版。

吴群、李永乐：《财政分权、地方政府竞争与土地财政》，《财贸经济》2010 年第 7 期。

王天营：《我国经济增长中科技进步贡献率的计量分析》，《生产力研究》2003

年第 11 期。

王万茂：《土地资源部门间分配与耕地保护》，《中国土地科学》1997年第 2 期。

王锡桐：《自然资源开发利用中的经济问题》，科学技术文献出版社1991 版。

王耀辉：《城市规划与耕地保护若干问题的思考》，《中国土地科学》1996 年第 3 期。

王艳君：《快速城市化地区的土地利用时空动态变化》，《长江流域资源与环境》2005 年第 3 期。

王永莉：《国内土地发展权研究综述》，《中国土地科学》2007 年第 6期。

王琢、许浜：《中国农村土地产权制度论》，经济管理出版社 1996 年版。

肖健：《公共管理视角下的土地利用控制》，《工作研究》2004 年第 3 期。

杨志荣、靳相木：《基于面板数据的土地投入对经济增长的影响——以浙江省为例》，《长江流域资源与环境》2009 年第 5 期。

叶艳妹等：《我国土地产权制度与耕地保护问题研究》，《农业经济问题》1997 年第 6 期。

许德林：《江苏省不同经济增长阶段农地非农化实证研究》，南京农业大学硕士学位论文，2004 年。

许德林：《农地非农化调控的市场机制与政府管制研究》，南京农业大学博士学位论文，2011 年。

杨国良、彭鹏：《农业发展与土地非农化》，《自然资源》1996 年第 1期。

许恒周、郭玉燕：《市场失灵与农地非农化配置中农地价值损失》，《西安电子科技大学学报》（社会科学版）2010 年第 3 期。

严金明、燕新程：《城镇化快速发展阶段的中国土地问题——中国人民大学土地管理专业创立 20 周年国际学术研讨会综述》，《中国土地科学》2005 年第 12 期。

袁庆明、郭艳平：《科斯定理的三种表述和证明》，《湖南大学学报》（社会科学版）2005 年第 5 期。

约翰·罗默：《社会主义的未来》，余文烈等译，重庆出版社 1997 年版。

尹奇：《土地利用规划的经济学分析》，浙江大学博士学位论文，2006年。

云淑萍：《公平与效率的权衡——论农村土地承包经营制度的完善》，《内蒙古师范大学学报》（哲学社会科学版）2007 年第 6 期。

张安录：《可转移发展权与农地城市流转控制》，《中国农村观察》2000年第 2 期。

张安录、杨刚桥：《美国城市化过程中农地城市流转与农地保护》，《中国农村经济》1998 年第 11 期。

张飞、陈传明、孔伟：《地方政府竞争、农地非农化与经济增长》，《资源·产业》2005 年第 10 期。

张飞、许璐璐、陈传明：《基于转变经济发展方式视角的土地征用制度研究》，《改革与战略》2008 年第 12 期。

张飞、曲福田、孔伟：《我国农地非农化中政府行为的博弈论解释》，《南京社会科学》2009 年第 9 期。

张帆：《环境与自然资源经济学》，上海人民出版社 1998 年版。

张国平等：《近 10 年来中国耕地资源的时空变化分析》，《地理学报》2003 年第 5 期。

张宏斌、贾生华：《土地非农化调控机制分析》，《经济研究》2001 年第 12 期。

张丽：《农地城市流转中的农民权益保护研究》，华中科技大学博士学位论文，2011 年。

张良悦：《农地非农化的困境与出路：基于经济学文献的分析》，《世界经济文汇》2008 年第 12 期。

张文奎等编：《日本农业地理》，商务印书馆 1987 年版。

张五常：《佃农理论》，商务印书馆 2000 年版。

张谋贵：《小岗村改革的新制度经济学解释——纪念改革开放 30 周年》，《经济理论与经济管理》2008 年第 8 期。

张元红：《我国耕地保护的现状、症结与出路》，《中国科技论坛》1998 年第 1 期。

庄西真：《地方政府职业教育管理制度创新分析》，《河北师范大学学报》（教育科学版）2008 年第 5 期。

赵小敏：《土地利用规模的系统动力学仿真——以杭州土地利用总体规划为例》，《浙江农业大学学报》1996 年第 2 期。

郑晓俐、乐晶：《效率与公平框架下失地农民权益受损状况分析》，《广东土地科学》2009 年第 6 期。

朱柏铭：《公共经济学》，浙江大学出版社 2003 年版。

朱迪·丽丝著：《自然资源：分配、经济学与政策》，蔡运龙等译，商务印书馆 2002 年版。

朱东平：《经济政策论》，立信会计出版社 1995 年版。

朱会义等:《环渤海地区土地利用变化的驱动力分析》,《地理研究》2001 年
　　第 6 期。

邹秀清:《农地非农化:兼顾效率与公平的补偿标准——理论及其在中国的应
　　用》,《农业技术经济》2006 年第 4 期。

征地制度改革研究课题组:《征地制度改革的初步设想》,《中国土地》2000 年
　　第 4 期。

中国土地政策改革课题组:《中国土地政策改革:一个整体性行动框架》,《改
　　革》2006 年第 2 期。

钟太洋、蒋鹏等:《城市化进程中耕地资源转用效率评价——以江苏省为例》,
　　《地域研究与开发》2002 年第 2 期。

周飞舟:《分税制十年——制度及其影响》,《中国社会科学》2006 年第 6 期。

周其仁:《产权与制度变迁:中国改革的经验研究》(增订本),北京大学出版
　　社 2004 年版。

周其仁:《农地产权与征地制度——中国城市化面临的重大选择》,《经济学》
　　(季刊) 2004 年第 1 期。

诸培新、曲福田:《耕地资源非农化配置的经济学分析》,《中国土地科学》2002
　　年第 5 期。

A. Deaton, J. Muellbauer, "An almost ideal demand system", *American
　　Economic Review*, Vol.70, 1980.

A. Evans, *No Room! No Room!* London: Institute of Economic Affairs, 1988.

A. Evans, "The land market and government intervention", *Handbook of Regional
　　and Urban Economics*, Vol.3, 1999.

A.M. Freeman, "Hedonic prices, property values and measuring environmental
　　benefits: A survey of thc issues", *Scandinavian Journal of Economics*, Vol.
　　81, 1979.

Andrew J. Plandtiing and Douglas J. Miller, "Agricultural land values and the
　　values of rights to future land development", *Land Economics*, Vol.77, 2001.

Bengston et al., "Pulic Polices for Managing Urban Growth and Protecting Open
　　Space: Policy Instruments and Lesson Learned in the Unitid State",
　　Landscape and Urban Planning, Vol.69, 2004.

Brunstad, R. J. "Agricultural production and the optimal level of landscape
　　preservation", *Land economics*, Vol.75, 1999.

Bromley, D.W., I.Hodge, "Private property rights and presumptive policy entitlements: reconsidering the premises of rural policy", *European Review of Agricultural Economics*, Vol.17, 1990.

Central Statistical Office, "The effects of taxes and benefits on household income 1985", *Economic Trends*, Vol.397, 1986.

Central Statistical Office, "The effects of taxes and benefits on household income", *Economic Trends*, Vol.386, 1985.

C. Gourieroux, A. Monfort, *Statistics and Econometric Models*, Cambridge: Cambridge University Press, 1995.

Cheol-Joo Cho. "The Korean growth-management programs: Issues, problems and possible reforms", *Land Use Policy*, Vol.19, 2002.

Casey J. Dawkins, Arthur C. Nelson, "Urban containment policies and housing prices: An international comparison with implications for future research", Land Use Policy, Vol.19, 2002.

D. Epple, T. Romer, R. Filimon, "Community development with endogenous land use controls", *Journal of Public Economics*, Vol.35, 1988.

D. Epple, "Hedonic prices and implicit markets: Estimating demand and supply functions for differentiated products", *Journal of Political Economy*, Vol. 95, 1987.

Elia Werczberger, Eliyahu Borukhov. "The Israel land authority: Relic or necessity?" *Land Use Policy*, Vol.16, 1999.

Ferguson, C.A.Khan, MA, "Protecting farmland near cities: Trade -offs with affordable housing in Hawaii", *Land Use policy*, Vol.5, 1992.

Fischel, W.M., *The Economics of zoning laws: A property rights approach to American land use controls*, Baltimore: Johns Hopkins University Press, 1985.

Gardner B.Delworth, "The Economics of Agricultrual Land Preservation", *American Journal of Agriculture Economics*, 1977.

G. Bramley, "Land use planning and the housing market in Britain: The impact on house building and house prices", *Environment and Planning*, Vol. 25, 1993.

G. Bramley, "The impact of land-use planning and tax subsidies on the supply and price of housing in Britain", *Urban Studies*, Vol.30, 1993.

Hagman, Donald G., and Misczynski, Dean. *Windfalls for ipe out: Land Value Captrue and Compensation*, Chicago: American Society of Planning Officials, Vol.4, 1978.

Hong Yang, Xiubin Li, "Cultivated land and food supply in China", *Land Use Policy*, Vol.17, 2000.

Invan Bicik, Leos Jelecek, Vit Stepanek, "Land–use changes and their social driving forces in Czechia in the 19th and 20th centuries", *Land Use Policy*, Vol.18, 2001.

James T.Barrese. "Efficiency and Equity Considerations in the peration of Transfer of Development Rights Plans", *Land Economics*, Vol.59, 1983.

J. Phillips, E. Goodstein, "Growth management and housing prices: The case of Portland", *Contemporary Economic Policy*, Vol.18, 2000.

J.N. Brown, H.S. Rosen, "On the estimation of structural hedonic price models", *Econometrica*, Vol.50, 1982.

J.R. Jackson, R.C. Johnson, D.L. Kaserman, "The measurement of land prices and the elasticity of substitution in housing production", *Journal of Urban Economics*, Vol.16, 1984.

J.K. Brueckner, "Growth controls and land values in an open city", *Land Economics*, Vol.66, 1990.

J.K. Brueckner, "Strategic control of growth in a system of cities", *Journal of Public Economics*, Vol.57, 1995.

J.K. Brueckner, "Welfare gains from removing land–use distortions: An analysis of urban change in post –apartheid South Africa", *Journal of Regional Science*, Vol.36, 1996.

J.Y. Son, K.H. Kim, "Analysis of urban land shortages: The case of Korean cities", *Journal of Urban Economics*, Vol.43, 1998.

J.K. Brueckner, "Urban sprawl: Diagnosis and remedies", *International Regional Science Review*, Vol.23, 1999.

K.E. McConnell, T.T. Phipps, "Identification of preference parameters in hedonic models: Consumer demands with nonlinear budgets", *Journal of Urban Economics*, Vol.22, 1987.

Kline, J., and D. Wichelns, "Public preferences regarding the goals of farmland preservation programs", *Land economics*, Vol.72, 1996.

Katherine Inman, Donald M. Mcledo, "Rural land use and sale preferences in a Wyoming county", *Land economics*, Vol.78, 2002.

Lopez, R. A., F. A. Shah, et al., "Amenity benefits and the optimal allocation of land", *Land economics*, Vol.70, 1994.

Lori Lynch and Wesley N. Musser, "A relative efficiency analysis of farmland preservation programs", *Land Economics*, Vol.77, 2001.

McCommell, K. E. "The optimal quantity of land in agriculture", *Northeastern Journal of Agricultural and Resource Economics*, Vol.18, 1989.

M. Hazilla, R. J. Kopp, "Social cost of environmental quality regulations: A general equilibrium analysis", *Journal of Political Economy*, Vol.98, 1990.

M.P. Murray, "Mythical demands and mythical supplies for proper estimation of Rosen's hedonic price model", *Journal of Urban Economics*, Vol.14, 1983.

P. Cheshire, S. Sheppard, "British planning policy and access to housing: Some empirical estimates", *Urban Studies*, Vol.26, 1989.

P. Cheshire, S. Sheppard, "On the price of land and the value of amenities", *Economica*, Vol.62, 1995.

P. Cheshire, S. Sheppard, *The welfare economics of land use regulation*, Research Papers in Environmental and Spatial Analysis, No. 42, Department of Geography and Environment, London School of Economics, 1997.

P. Cheshire, S. Sheppard, "Estimating the demand for housing, land, and neighbourhood characteristics", *Oxford Bulletin of Economics and Statistics*, Vol.60, 1998.

P.M. Raup. "Eeonomic Development and Competition for land Use in the United States", *Jououral of Farm economics*, Vol.39, No.5, 1957.

P.J. Lambert, *The Distribution and Redistribution of Income*, 2nd ed., Manchester: Manchester University Press, 1993.

R. Alessie, A. Kapteyn, "Habit formation, interdependent preferences and demographic effects in the almost ideal demand system", *The Economic Journal*, Vol.101, 1991.

Richard L. Barrows. "Transfer of Development Rights: An analysis of new land use policy Tool", *American Journal of Agricultural Economics*, Vol.57, No. 4, 1975.

S.E. Black, " Do better schools matter? Parental valuation of elementary education", *Quarterly Journal of Economics*, Vol.114, 1999.

S. Sheppard, "The qualitative economics of development control", *Journal of Urban Economics*, Vol.24, 1988.

T.J. Bartik, "Estimating hedonic demand parameters with single market data: The problems caused by unobserved tastes", *Review of Economics and Statistics*, Vol.69, 1987.

T.J. Bartik, "Measuring the benefits of amenity improvements in hedonic price models", *Land Economics*, Vol.64, 1988.

Thoms R. Plaut, "Urban expansion and the loss of farmland in the United States: Implications for the future", *Journal Agriculture Economics*, Vol.8, 1980.

Veseth Michael. " Alternative Policies for Preserving Farm and Open Areas: Analysis and Evaluation of Avalable Options" , *American Journal of Economics and Sociology*, Vol.38, No.1, 1979.

V. Kooten, "Land resource economics and sustainable development: Economic policies and the common goods", *UBC Press*, Vol.5, 1993.

W.A. Fischel, Do Growth Controls Matter? *A Review of Empirical Evidence on the Effectiveness and Efficiency of Local Government Land Use Regulation*, Cambridge, MA: Lincoln Institute of Land Policy, 1990.

Wolfram. Cx, "The sale of of development rights and zoning in the preservation of open space, lindahl equilibrium and a case study", *Land economics*, Vol. 57, 1981.

附录　土地权利与土地征用问题调查问卷

问卷编号：□□□□□□

调查员：＿＿＿＿＿＿　　　　　　调查时间：＿＿＿＿年＿＿月＿＿日

调查地点：＿＿＿＿省＿＿＿＿市＿＿＿＿乡（镇）＿＿＿＿村

调查地区 2010 年人均收入水平：＿＿＿＿元

调查地组 2010 年人均消费水平：＿＿＿＿元

一、农户基本情况

1. 性别：＿＿＿＿

A. 男　　　　　　　　　　B. 女

2. 政治面貌：＿＿＿＿

A. 共产党员　　　　　　　B. 共青团员

C. 群众　　　　　　　　　D. 民主党派成员

3. 年龄：＿＿＿＿

4. 文化程度：＿＿＿＿

A. 不识字或识很少字　　　B. 小学　　　　　C. 初中

D. 高中或中专　　　　　　E. 大专及以上

5. 是否村干部：＿＿＿＿

A. 是　　　　　　　　　　B. 否

6. 家庭人口数：＿＿＿＿人。其中，劳动力人数：＿＿＿＿人

7. 被征地时间：＿＿＿＿年　征收前的用途：＿＿／＿＿亩；＿＿／＿＿亩；＿＿／＿＿亩

（如：小麦/3 亩；宅基地/5 亩）

二、征地总体评价

8. 征地补偿情安置情况

货币安置	安置人数	M1
	标准（元/人）/（元/户）	M2
就业安置	安置人数	M3
	标准（人/亩）/（人/户）	M4
	平均工资水平（元）	M5
	工作地点（距离居住地/公里）	M6
社保安置	安置人数	M7
	标准（元/人）	M8
	A 城保　B 农保	M9
土地入股安置	安置人数	M10
	标准	M11
户籍 A 农村户口　B 城市户口	征地前	M12
	征地后	M13

9. 农户经济特征

	家庭年收入（元）		土地情况（亩）						农地经营情况
	农业收入	非农业收入	宅基地	水田	旱地	池塘水面	林地	其他	农作物品种/面积
征地前	C1	C2	C3	C4	C5	C6	C7	C8	C9
征地后	D1	D2	D3	D4	D5	D6	D7	D8	D9

10. 住房情况

	A. 自己独自建房	B. 邻里合作建房	C. 集体统一建农民新村	D. 分配商品房	E. 自购商品房	F. 其他（写明）
征地前 E1						
征地后 E2						

征地后您在解决住房问题时是否贷款（借款）：V10 ［_____］

A. 有贷款（借款）F1____元　　　　B. 无贷款（借款）

你的房屋拆迁补偿款占你的新住房建房（或购买）总费用的 F2___ ％

11. 征地补偿安置总体评价

	征地补偿标准	住房安置	就业安置	社会保障
A. 满意 B. 不满意				

1. ［_____］您是否愿意土地被征用：

A. 愿意　　　　　　　　B. 不愿意

若不愿意，原因是什么（可多选）N1［_____］

A. 补偿标准偏低，不能维持基本生活

B. 征地后生活水平降低

C. 缺乏知情权，未与村民协商，政府强行征地

D. 国家征地政策未兑现

E. 没有养老保障

F. 说不清楚/未回答

2. ［_____］您对土地被征用或占用的态度是什么？

A. 占用土地不经本人同意，只由村委会集体办理，是不合理的，不能同意

B. 如果政府用来修路等，即使不给补偿也没意见

C. 不论政府还是企业，给了合理补偿就可以；否则坚决反对

D. 其他

3. ［_____］您是否知道被征用土地将来的用途：

A. 知道　　　　　　　B. 不知道

4. ［_____］征地补偿、安置方案是否公告：

A. 是　　　　　　　B. 否　　　　　　C. 不清楚

5. ［_____］征地、拆迁过程中是否召开村民大会或村民代表大会：

A. 是　　　　　　　B. 否　　　　　　C. 不清楚

6. ［_____］征地项目开工前，是否与您就征地补偿、安置等方案经过民主协商并达成协议：

A. 是　　　　　　　　B. 否

7. ［＿＿＿＿＿］您对土地征收的过程和程序是否满意?

A. 满意,很公开透明 B. 比较满意,比较公开透明

C. 不满意,不公开透明 D. 非常不满意,根本不公开

E. 不了解,不好说

8. ［＿＿＿＿＿］在当地,企业等经营性主体通过什么方式取得农村集体经营性建设用地?

A. 与农村承包经营户签订协议

B. 与农村集体组织签订协议

C. 与当地政府协商

9. ［＿＿＿＿＿］协商之初,对征地补偿标准是否有异议?

A. 有 B. 没有

若选 A,之后是否有讨价还价过程 N2［＿＿＿＿＿］:

A. 有 B. 没有

最终补偿价格是否有提高 N3［＿＿＿＿＿］:

A. 有 B. 没有

10. ［＿＿＿＿＿］协商过程中,村干部是否对您进行劝说或者发动您的亲友对您做工作:

A. 有 B. 没有

11. ［＿＿＿＿＿］最终达成土地征用协议,您是自愿的吗?

A. 自愿 B. 非自愿

12. ［＿＿＿＿＿］您认为所得土地征用补偿金数额是否公平合理?

A. 很合理 B. 比较合理

C. 不太合理,数额比较少 D. 很不合理,太少了

如果您认为不合理,是因为:N4［＿＿＿＿＿］

A. 补偿金的计算方法不合理,数额太少

B. 分配方式不合理

C. 社会变化,物价可能会上涨,未来的生活无保障

D. 村干部中饱私囊

E. 其他原因

13. ［＿＿＿＿＿］土地被征收后,您家的生活状况发生了什么变化?

A. 比征地前要好很多 B. 比征地前稍微好了些

C. 没有变化,差不多 D. 比征地前差了一些

E. 比征地前差了很多

14. [＿＿＿＿＿] 征用土地后，您的家庭生活面临哪些困难：（可多选）

A. 基本生活难以维持　　　B. 子女读不起书

C. 生病没钱看　　　　　　D. 住房条件太差

E. 找不到工作　　　　　　F. 没有任何抵御风险的能力

G. 其他

15. [＿＿＿＿＿] 土地被征用后，您最希望政府帮您解决什么问题？（可多选）

A. 就业问题　　　　　B. 养老问题　　　　　C. 增收问题

D. 社会治安问题　　　E. 教育费用高　　　　F. 看病难看病贵问题

16. [＿＿＿＿＿] 征地补偿金在发放的过程中是否有监督和公开：

A. 有　　　　　　　　B. 没有　　　　　　　C. 不清楚

17. [＿＿＿＿＿] 征地过程中您与政府是否发生过土地纠纷：

A. 发生过　　　　　　B. 没有

18. [＿＿＿＿＿] 如果发生过土地纠纷，原因是（可多选）

A. 不愿意放弃土地　　　B. 征地补偿不合理

C. 干部态度粗暴　　　　D. 征地补偿没有按规定兑现

E. 征地补偿费被挪用　　F. 其他原因

19. [＿＿＿＿＿] 当地解决土地承包纠纷的途径有哪些？（可多选）

A. 当事人之间协调

B. 中介组织调解

C. 村委会或乡人民政府调解

D. 向农村土地承包仲裁机构申请仲裁

E. 向人民法院起诉

20. [＿＿＿＿＿] 您有没有采取过一些方法去争取自己的利益？

A. 有　　　　　　　　B. 没有　　　　　　　C. 没想过

若选 B，您为什么没有主动发表意见 N4[＿＿＿＿＿]

A. 感觉问题不大　　　B. 发表也没用　　　　C. 没机会发表

D. 其他原因

21. [＿＿＿＿＿] 涉及土地的调整和决策，您希望谁来决定？

A. 国家政策　　　　　B. 乡政府　　　　　　C. 村干部

D. 村委会　　　　　　E. 村民自行协商

索 引

后　记

　　研究土地问题的文章可谓汗牛充栋，本书试图从"产权制度结构影响社会福利"这一视角，对农地城市转用的合理边界、利用效率、农地财产权的实现机制及其对农民的福利影响进行探讨。

　　在此首先要向博士后期间的两位导师致以衷心的感谢！感谢袁志刚教授，作为老师昔日课堂上的众多旁听生之一，是老师精彩的讲解为我打开了理解宏观经济的大门，在博士后期间能够有幸得到老师的指导，我倍感幸运。感谢何立胜教授，在繁忙的工作之余，多次对我的研究和调研进行指导，在此深深感谢何老师为我的学习和成长付出的心血。

　　感谢全国博士后管理委员会、中国社会科学院博士后管理委员会和经济管理出版社对本书出版的大力支持！

　　感谢家人多年来无悔的付出与支持！

　　我深知自身积累还有太多欠缺和不足，本书也难免存在纰漏和失误，有待在今后的工作中不断学习、提高。

戴媛媛

2017 年 7 月

专家推荐表

第六批《中国社会科学博士后文库》专家推荐表 1

推荐专家姓名	袁志刚	行政职务	
研究专长	理论经济学	电　话	
工作单位	复旦大学经济学院	邮　编	
推荐成果名称	城市化进程中土地资源配置的效率与平等		
成果作者姓名	戴媛媛		

　　（对书稿的学术创新、理论价值、现实意义、政治理论倾向及是否达到出版水平等方面做出全面评价，并指出其缺点或不足）

　　戴媛媛毕业于中国社会科学院研究生院，获管理学博士学位。之后进入复旦大学理论经济学博士后流动站（即中国浦东干部学院博士后科研工作站）进行博士后研究工作，作为她的合作导师，现对其书稿做一介绍。

　　她的论文对城市化进程中的土地资源配置问题进行了较为深入的研究，具有一定的理论创新性，提出的政策构想与之后的改革趋势具有一致性。该论文建立了"产权制度结构的福利影响"这一理论框架作为土地资源配置效率与平等的分析框架，将效率和平等作为社会整体福利的两个因素，从制度结构角度分析农地城市转用的福利效用，指出产权制度结构对福利分配格局有决定性影响。对于土地资源城乡配置福利最大化的制度前提的讨论体现了作者扎实的理论功底和敢于创新的勇气。对于农户土地转用福利评价的因素的计量分析则是通过可信度较高的样本和科学的方法，实现了定性问题的定量测度，具有较高的决策参考价值。此外，如何从理论模型上刻画土地制度结构对宏观经济总量的影响机制，可作为今后进一步研究的方向。

　　我认为，城市化进程必然涉及农村、农业的发展变化，这种变化过程中的土地政策变量一定会对城市化的质量发生影响。本书稿所具有的理论创新性和较高的研究质量，对于进一步认识和研究这一问题是有意义的，该书稿具备正式出版的水准。

签字：袁志刚

2016 年 12 月 31 日

说明：该推荐表由具有正高职称的同行专家填写。一旦推荐书稿入选《博士后文库》，推荐专家姓名及推荐意见将印入著作。

第六批《中国社会科学博士后文库》专家推荐表 2

推荐专家姓名	何立胜		行政职务	教务部主任
研究专长	制度经济学、产业经济学		电　话	
工作单位	中国浦东干部学院		邮　编	
推荐成果名称	城市化进程中土地资源配置的效率与平等			
成果作者姓名	戴媛媛			

（对书稿的学术创新、理论价值、现实意义、政治理论倾向及是否达到出版水平等方面做出全面评价，并指出其缺点或不足）

该书稿以城市化进程中土地资源在城乡之间的配置效率、利益分配问题为核心，探讨农地城市转用的合理边界、农地城市转用的利用效率、农地财产权的实现机制以及农地城市转用对农民的福利影响。以此构建"产权制度结构的福利影响"的理论框架作为土地资源配置效率与平等的分析框架，将效率和平等作为社会整体福利的两个因素，从制度结构角度分析农地城市转用的福利效用，指出产权制度结构对福利分配格局具有决定性影响，具有较高的学术创新。

该书稿探讨了土地资源城乡配置福利最大化的制度前提，提出帕累托最优并不是无条件的：若忽视产权界定的初始作用，价格机制、市场化的资源配置方式都将造成事实上的不平等，使政策目标偏离社会最优。因此，从明晰农地所有者与政府的产权边界、引入征地双方竞价的定价机制、实现土地征用的程序正义三方面入手进行政策调整，是农地城乡配置福利最大化的制度前提；同时，这也揭示了资源配置效率与制度安排之间的关联性，具有重要的理论价值。

该书稿以统计年鉴数据和农户问卷调查数据为基础，对农地城市转用的土地利用效率、农户对征地制度的福利评价及其影响因素进行计量分析。基于 Logit 模型对农民土地转用福利评价的影响因素进行研究，表明征地补偿标准和货币补偿在农户福利感受和满意度评价中并不是最主要的影响因素，而征地程序的公正性、农地所有者市场地位平等性对评价结果具有显著影响，农业收入依赖型农户对征地导致的福利变化更为敏感。这些对改进征地的政策安排具有重要的现实意义。

我认为，该书稿是一本关注城市化进程中土地资源配置的理论与实践结合的学术研究之作，其主题定位科学，结构严谨，研究深化，坚持立场，没有偏颇的政治理论倾向。

该书稿需要在实证检验部分，进一步运用现有数据分别验证补偿安置评价各个维度的影响因素；对于已有文献对农地转用的福利评价影响因素的定性分析，该书稿需要通过定量测度分析实现了一定程度的研究深化。

总之，该书稿，经综合评价分析，已经达到正式出版的标准或要求，我愿意为其推荐。

签字：何立胜

2016 年 12 月 31 日

说明： 该推荐表由具有正高职称的同行专家填写。一旦推荐书稿入选《博士后文库》，推荐专家姓名及推荐意见将印入著作。

经济管理出版社
《中国社会科学博士后文库》
成果目录

第一批《中国社会科学博士后文库》（2012 年出版）

序号	书 名	作 者
1	《"中国式"分权的一个理论探索》	汤玉刚
2	《独立审计信用监管机制研究》	王 慧
3	《对冲基金监管制度研究》	王 刚
4	《公开与透明：国有大企业信息披露制度研究》	郭媛媛
5	《公司转型：中国公司制度改革的新视角》	安青松
6	《基于社会资本视角的创业研究》	刘兴国
7	《金融效率与中国产业发展问题研究》	余 剑
8	《进入方式、内部贸易与外资企业绩效研究》	王进猛
9	《旅游生态位理论、方法与应用研究》	向延平
10	《农村经济管理研究的新视角》	孟 涛
11	《生产性服务业与中国产业结构演变关系的量化研究》	沈家文
12	《提升企业创新能力及其组织绩效研究》	王 涛
13	《体制转轨视角下的企业家精神及其对经济增长的影响》	董 昀
14	《刑事经济性处分研究》	向 燕
15	《中国行业收入差距问题研究》	武 鹏
16	《中国土地法体系构建与制度创新研究》	吴春岐
17	《转型经济条件下中国自然垄断产业的有效竞争研究》	胡德宝

第二批《中国社会科学博士后文库》（2013 年出版）

序号	书 名	作 者
1	《国有大型企业制度改造的理论与实践》	董仕军
2	《后福特制生产方式下的流通组织理论研究》	宋宪萍

第二批《中国社会科学博士后文库》(2013 年出版)

序号	书　名	作　者
3	《基于场景理论的我国城市择居行为及房价空间差异问题研究》	吴　迪
4	《基于能力方法的福利经济学》	汪毅霖
5	《金融发展与企业家创业》	张龙耀
6	《金融危机、影子银行与中国银行业发展研究》	郭春松
7	《经济周期、经济转型与商业银行系统性风险管理》	李关政
8	《境内企业境外上市监管若干问题研究》	刘　轶
9	《生态维度下土地规划管理及其法制考量》	胡耘通
10	《市场预期、利率期限结构与间接货币政策转型》	李宏瑾
11	《直线幕僚体系、异常管理决策与企业动态能力》	杜长征
12	《中国产业转移的区域福利效应研究》	孙浩进
13	《中国低碳经济发展与低碳金融机制研究》	乔海曙
14	《中国地方政府绩效评估系统研究》	朱衍强
15	《中国工业经济运行效益分析与评价》	张航燕
16	《中国经济增长：一个"被破坏性创造"的内生增长模型》	韩忠亮
17	《中国老年收入保障体系研究》	梅　哲
18	《中国农民工的住房问题研究》	董　昕
19	《中美高管薪酬制度比较研究》	胡　玲
20	《转型与整合：跨国物流集团业务升级战略研究》	杜培枫

第三批《中国社会科学博士后文库》(2014 年出版)

序号	书　名	作　者
1	《程序正义与人的存在》	朱　丹
2	《高技术服务业外商直接投资对东道国制造业效率影响的研究》	华广敏
3	《国际货币体系多元化与人民币汇率动态研究》	林　楠
4	《基于经常项目失衡的金融危机研究》	匡可可
5	《金融创新及其宏观效应研究》	薛昊旸
6	《金融服务县域经济发展研究》	郭兴平
7	《军事供应链集成》	曾　勇
8	《科技型中小企业金融服务研究》	刘　飞

第三批《中国社会科学博士后文库》（2014 年出版）

序号	书 名	作 者
9	《农村基层医疗卫生机构运行机制研究》	张奎力
10	《农村信贷风险研究》	高雄伟
11	《评级与监管考》	武 钰
12	《企业吸收能力与技术创新关系实证研究》	孙 婧
13	《统筹城乡发展背景下的农民工返乡创业研究》	唐 杰
14	《我国购买美国国债策略研究》	王 立
15	《我国行业反垄断和公共行政改革研究》	谢国旺
16	《我国农村剩余劳动力向城镇转移的制度约束研究》	王海全
17	《我国吸引和有效发挥高端人才作用的对策研究》	张 瑾
18	《系统重要性金融机构的识别与监管研究》	钟 震
19	《中国地区经济发展差距与地区生产率差距研究》	李晓萍
20	《中国国有企业对外直接投资的微观效应研究》	常玉春
21	《中国可再生资源决策支持系统中的数据、方法与模型研究》	代春艳
22	《中国劳动力素质提升对产业升级的促进作用分析》	梁泳梅
23	《中国少数民族犯罪及其对策研究》	吴大华
24	《中国西部地区优势产业发展与促进政策》	赵果庆
25	《主权财富基金监管研究》	李 虹
26	《专家对第三人责任论》	周友军

第四批《中国社会科学博士后文库》（2015 年出版）

序号	书 名	作 者
1	《地方政府行为与中国经济波动研究》	李 猛
2	《东亚区域生产网络与全球经济失衡》	刘德伟
3	《互联网金融竞争力研究》	李继尊
4	《开放经济视角下中国环境污染的影响因素分析研究》	谢 锐
5	《矿业权政策性整合法律问题研究》	郗伟明
6	《老年长期照护：制度选择与国际比较》	张盈华
7	《农地征用冲突：形成机理与调适化解机制研究》	孟宏斌
8	《品牌原产地虚假对消费者购买意愿的影响研究》	南剑飞

第四批《中国社会科学博士后文库》（2015 年出版）

序号	书 名	作 者
9	《清朝旗民法律关系研究》	高中华
10	《人口结构与经济增长》	巩勋洲
11	《食用农产品战略供应关系治理研究》	陈 梅
12	《我国低碳发展的激励问题研究》	宋 蕾
13	《我国战略性海洋新兴产业发展政策研究》	仲雯雯
14	《银行集团并表管理与监管问题研究》	毛竹青
15	《中国村镇银行可持续发展研究》	常 戈
16	《中国地方政府规模与结构优化：理论、模型与实证研究》	罗 植
17	《中国服务外包发展战略及政策选择》	霍景东
18	《转变中的美联储》	黄胤英

第五批《中国社会科学博士后文库》（2016 年出版）

序号	书 名	作 者
1	《财务灵活性对上市公司财务政策的影响机制研究》	张玮婷
2	《财政分权、地方政府行为与经济发展》	杨志宏
3	《城市化进程中的劳动力流动与犯罪：实证研究与公共政策》	陈春良
4	《公司债券融资需求、工具选择和机制设计》	李 湛
5	《互补营销研究》	周 沛
6	《基于拍卖与金融契约的地方政府自行发债机制设计研究》	王治国
7	《经济学能够成为硬科学吗?》	汪毅霖
8	《科学知识网络理论与实践》	吕鹏辉
9	《欧盟社会养老保险开放性协调机制研究》	王美桃
10	《司法体制改革进程中的控权机制研究》	武晓慧
11	《我国商业银行资产管理业务的发展趋势与生态环境研究》	姚 良
12	《异质性企业国际化路径选择研究》	李春顶
13	《中国大学技术转移与知识产权制度关系演进的案例研究》	张 寒
14	《中国垄断性行业的政府管制体系研究》	陈 林

第六批《中国社会科学博士后文库》（2017 年出版）

序号	书 名	作 者
1	《城市化进程中土地资源配置的效率与平等》	戴媛媛
2	《高技术服务业进口技术溢出效应对制造业效率影响研究》	华广敏
3	《环境监管中的"数字减排"困局及其成因机理研究》	董 阳
4	《基于竞争情报的战略联盟关系风险管理研究》	张 超
5	《基于劳动力迁移的城市规模增长研究》	王 宁
6	《金融支持战略性新兴产业发展研究》	余 剑
7	《清乾隆时期长江中游米谷流通与市场整合》	赵伟洪
8	《文物保护经费绩效管理研究》	满 莉
9	《我国开放式基金绩效研究》	苏 辛
10	《医疗市场、医疗组织与激励动机研究》	方 燕
11	《中国的影子银行与股票市场：内在关联与作用机理》	李锦成
12	《中国应急预算管理与改革》	陈建华
13	《资本账户开放的金融风险及管理研究》	陈创练
14	《组织超越——企业如何克服组织惰性与实现持续成长》	白景坤

《中国社会科学博士后文库》
征稿通知

　　为繁荣发展我国哲学社会科学领域博士后事业，打造集中展示哲学社会科学领域博士后优秀研究成果的学术平台，全国博士后管理委员会和中国社会科学院共同设立了《中国社会科学博士后文库》（以下简称《文库》），计划每年在全国范围内择优出版博士后成果。凡入选成果，将由《文库》设立单位予以资助出版，入选者同时将获得全国博士后管理委员会（省部级）颁发的"优秀博士后学术成果"证书。

　　《文库》现面向全国哲学社会科学领域的博士后科研流动站、工作站及广大博士后，征集代表博士后人员最高学术研究水平的相关学术著作。征稿长期有效，随时投稿，每年集中评选。征稿范围及具体要求参见《文库》征稿函。

　　联系人：宋　娜　主任
　　联系电话：01063320176；13911627532
　　电子邮箱：epostdoctoral@126.com
　　通讯地址：北京市海淀区北蜂窝 8 号中雅大厦 A 座 11 层经济管理出版社《中国社会科学博士后文库》编辑部
　　邮编：100038

经济管理出版社